常春藤传记馆

温儒敏／主编

追求道德的自我完善

托尔斯泰传

陈尔杰 著

長春出版社
全国百佳图书出版单位

图书在版编目（CIP）数据

追求道德的自我完善：托尔斯泰传 / 陈尔杰著. —长春：长春出版社，2017.1（2020.1重印）
（常春藤传记馆 / 温儒敏主编）
ISBN 978-7-5445-4670-6

Ⅰ.①追… Ⅱ.①陈… Ⅲ.①托尔斯泰（Tolstoy，Leo Nikolayevich 1828-1910）-传记 Ⅳ.①K835.125.6

中国版本图书馆 CIP 数据核字（2016）第279533号

追求道德的自我完善:托尔斯泰传

著　　者　陈尔杰
责任编辑　孙振波
封面设计　楠竹文化

出版发行　长春出版社
总 编 室　0431-88563443
市场营销　0431-88561180
网络营销　0431-88587345
地　　址　吉林省长春市长春大街309号
邮　　编　130041
网　　址　www.cccbs.net

制　　版　佳印图文
印　　刷　长春市赛德印业有限公司

开　　本　787毫米×1092毫米　1/32
字　　数　125千字
印　　张　8
版　　次　2017年7月第1版
印　　次　2020年1月第2次印刷
定　　价　19.80元

总　序

温儒敏

十多年前，我主持人民教育出版社高中语文教材的编写，其中选修课就专门设置有《中外传记选读》一种，我自己还动手编写了这本教材。因为受高考“指挥棒”影响，一般学校的选修课未必真能让学生自主选修，很多选修教材编出来都没有使用，但《中外传记选读》一直很受欢迎，每年都有重印。这让我对传记的阅读推广有了特别的关注。

我还注意到最近三四年高考语文试题命制的一种趋向，无论全国卷还是其他省市卷，阅读题往往都选传记作为材料。比如今年（2016年）全国卷的甲、乙、丙三个卷子，文言文阅读的材料全是传记，包括《明史·陈登云传》（甲卷）、《宋史·曾公亮传》（乙卷）和《明史·傅珪传》（丙卷）；现代文阅读的实用类文本也多用传记，节选了《吴文俊传》和《陈忠实传》。可见传记阅读越来越受到重视，考试也有意往这方面引导。

中小学语文教材也应当多选一些传记。现在

教育部正组织编写一套新的义务教育语文教科书，聘我担任总主编，这套新教材就选了不少名人传记，并鼓励学生多读传记。

为什么中小学生要多读传记？我曾在《中外传记选读》的前言中说过理由，这里不妨转述一下：

> 同学们都渴望能拥有健全、快乐和成功的人生，现在的学习阶段就在做准备，而且其本身就已经是你人生经历的一部分。我们该怎样设计自己的人生？当然最重要的还是学习。除了学习文化知识，还要从历史人物或者成功的人物身上学习宝贵的生活道理、人生哲学以及获取成功的途径。这就是励志教育，是人生教育中非常重要的部分。人都需要不断添加生活的动力，特别是在年轻的时候，要有偶像和楷模，有高远目标的激励。如同英国思想家培根所说过的："用伟人的事迹激励我们，远胜一切的教育。"让同学们从那些杰出的成功的人物身上吸取人生的经验，从前人多种人生道路的选择中寻找我们各自的"契合点"，这就是我们设立这门课的主要目的。

这里说的"设立这门课的主要目的"，其实

也是我们推出这套“常春藤传记馆”丛书的目的。

“常春藤传记馆”丛书由北京大学语文教育研究所组织编写，长春出版社出版。全套丛书初步设定为100种，每本10万字左右，其选目、内容和写法都是为中小学生“量身定制”的。我们希望这套丛书能作为基本图书进入中小学图书馆。和其他同类传记图书相比，“常春藤传记馆”丛书有四个特色：

一是传主覆盖范围广。包括中外古今各个领域的名人，涉及政治、军事、科学、实业、社会活动、文学、艺术、革命等领域。重点考虑有代表性的、在精神层面可以给学生激励的那些名人。

二是和课程教学有呼应。中小学除了语文，各个学科的教材和教学都会涉及中外古今各个领域的著名人物，选择主题首先考虑这一情况，选取学生有所接触又可能希望进一步了解的那些名人。这可以满足学生不同的兴趣爱好。

三是专门为中小学生编写。本套传记不是专业性强的评传，而是重在勾勒传主生平事业贡献的小传，内容和文字力求深入浅出，生动形象，有趣有味。阅读对象接受水平可以定位在初中程度，也可以稍高一点。特别是有些理科方面的传记，主要面对高中生。其实，小学生的课外阅读也要取法乎上，他们可以读这套为中等文化水平的读者设计的书。

四是内容安排上特别注重励志及健全的人格心理引导培养，在叙说传主生平事迹时，适当地自然地凸显这些方面的思考。

丛书取名“常春藤传记馆”，有特别的含义。“常春藤”是一种多年生常绿藤类灌木。美国哈佛大学等几所著名的私立大学，组成体育联盟，叫“常春藤盟校”，其起名是因为这些老校的校舍墙上常攀缘有常春藤。本丛书以“常春藤传记馆”作为标识，是虚拟的意象，可以联想到著名的学府，也可以联想到古代的书院，从而营造浓郁的阅读氛围和宁静的心境。另外，“常春”和“长春”同音，暗含这套丛书是由长春出版社出版的。

但愿广大师生喜欢这套书，也期盼大家提出批评建议，共同来经营好这套书，让“常春藤传记馆”更好地满足广大读者，特别是中小学生课外阅读的需求，满足语文教学的需求。

2016 年 6 月 30 日济南历下

（温儒敏，山东大学一级教授，北京大学中文系教授，教育部聘义务教育语文教科书总主编）

目录 contents

第一章

童年·少年·青年（1828—1851）

在广袤的俄罗斯中部，横亘着一大片上千公里长、数百公里宽的丘陵地带。远远看去，连绵的丘陵如同起伏的波浪，浪花间，静静流淌着两条大河——顿河和奥卡河，河流两岸肥沃的灰土上覆盖着茂密的树林。从莫斯科出发的大道一路向南，穿过这片丘陵地带，经过省会城市图拉，就到了俄国南部。在这条大道边，远离莫斯科 200 公里的地方，有一座种满桦树和橡树的庄园，名叫“雅斯纳亚·波良纳”[①]。1828 年 8 月 28 日[②]，俄

①这个名字在俄语是“林中空地”的意思。

②俄国在 1917 年十月革命前用的是旧历，与通行的公历相差 12 天，因此托尔斯泰的生日若依公历，是 1828 年 9 月 9 日。本书中的日期，如无特别说明，一律依旧历，因为这是当时俄国人实际使用的历法。

国伟大的文学家列夫·尼古拉耶维奇·托尔斯泰[1]就出生在这座庄园里。

托尔斯泰家是古老的贵族世家。据说，这一家的远祖是一个叫作因德利斯的立陶宛贵族，14世纪时，他带着3000名仆人，来到乌克兰的切尔尼戈夫居住。当时，俄罗斯这个国家甚至还没有形成，在今天俄罗斯西部和乌克兰的土地上，仍星罗棋布地散布着许多大大小小的公国。德利斯的一个名叫安德鲁的曾孙为莫斯科公国的瓦西里二世效力便前往了北方，并被大公赐了“托尔斯泰”这个姓。随着莫斯科公国的一步步扩张，托尔斯泰家也一天天飞黄腾达起来。到了罗曼诺夫家族的彼得大帝统治俄罗斯的时候，这一族的家长彼得·安德烈耶维奇·托尔斯泰成了沙皇的宠臣，得到了伯爵的封号，最终爬到了国务大臣的高位。彼得·托尔斯泰的曾孙——伊利亚·托尔斯泰伯爵，和一位戈尔恰科夫公爵小姐结了婚。这位老托尔斯泰伯爵是列夫·托尔斯泰的祖父。

---

①俄国人的完整姓名包括本人名、父亲的名字和姓氏，一般口头称名或称姓，表客气或尊敬时称本人名加父亲名，特别密切的朋友或家人称小名或爱称，如列夫的小名为“廖尼亚”或“廖瓦契卡”。

根据同时代人的说法，老托尔斯泰伯爵心地善良，为人慷慨，性情温和，但也是一个过惯舒服日子、挥金如土的人。照着当时俄国大老爷的习惯，他换下来的衣服要送到远在欧洲另一边的荷兰去缝洗，到了特定的季节，餐桌上要有从遥远的黑海一路送来的鲜鱼。在《战争与和平》中，托尔斯泰通过罗斯托夫伯爵的形象生动地描写了自己祖父管理家业的方式——

> “马上，马上。喂，来人哪！”他喊道，只有自信被他传唤的人能招之即来，才会用他这样的口气喊人，“叫米坚卡到我这里来！”
>
> 米坚卡是贵族出身，在伯爵家教养成人，现在是伯爵家的总管。他轻手轻脚走进来。
>
> “有件事，亲爱的，”伯爵对进来的毕恭毕敬的年轻人说，“你给我拿……”他寻思起来，“对，拿七百卢布，对。要当心，像那次又破又脏的不要拿来，要好的，是给伯爵夫人的。”
>
> “是的，米坚卡，拿干净的票子。”伯爵夫人忧愁地叹息道。
>
> “大人，请吩咐什么时候送来。”米坚卡

说，“您知道……不过请您放心，”他见伯爵开始急促地喘粗气，知道这照例是要发脾气的兆头，连忙补了一句，“我差一点忘了……是不是马上送来？”

“对，对，就是的，马上拿来。就交给伯爵夫人。”

“这个米坚卡真是个大好人，”年轻人走后，伯爵微笑说，“从来没说过‘办不到’。我最讨厌人家说‘办不到’。什么都办得到。”①

同样按照当时的习惯，等到家产挥霍得差不多的时候，他为自己钻营到喀山省长的位置，和这个显赫的官位同时来的，当然还有各种理所应当的附带好处。然而，老托尔斯泰伯爵实在没有什么当官的才能。没过几年，喀山的百姓就对他的治理怨声载道。最终，当地的贵族联合起来在沙皇亚历山大一世面前告了他一状。1820 年 2 月，遵照沙皇的谕旨，伊利亚·托尔斯泰被撤职

---

①[俄]列夫·托尔斯泰，刘辽逸译：《战争与和平》第 1 册，《列夫·托尔斯泰文集》第 5 卷，北京：人民文学出版社，2013 年版，第 71 页。

查办，此后不到一个月，他就去世了。

这个时候，托尔斯泰家已经负债累累，这家的儿子，年轻的尼古拉·托尔斯泰不得不放弃政府官员的职位，回来整顿产业。尼古拉继承了父亲的温和脾气和活泼性格，但要比父亲多一些责任心，也更有能力。不过，就算尼古拉竭尽全力，要维持摇摇欲坠的家业似乎也是不可能的。唯一的解决办法是娶一位富有的妻子，事实上他也这么做了。1822 年 6 月 9 日，通过亲戚们的介绍，年近 30 的尼古拉和玛丽亚·沃尔孔斯基公爵小姐结成了夫妻。作为嫁妆，公爵小姐带来了 800 名农奴和雅斯纳亚·波良纳的庄园。

沃尔孔斯基家也是俄国显赫的贵族世家之一，其祖先可以追溯到传说中俄国的第一位统治者——公元 9 世纪时的留里克国王，因此在当时的人们看来，这家的门第甚至比坐在沙皇宝座上的罗曼诺夫家族更加古老。玛丽亚公爵小姐的父亲——老沃尔孔斯基公爵，在叶卡捷琳娜大帝和保罗一世在位期间长年在军队里服役，战功卓著，1799 年升为上将，后因为顶撞沙皇而退役。他在自己的庄园里过了 20 多年安静而孤寂的隐居生活，1821 年，也就是在玛丽亚婚前不久才刚去世。列夫·托尔斯泰的这位外祖父在所有方面几乎都和他的祖父伊利亚截然不同。老沃尔孔斯基公爵严厉、公正、知识渊博、富有才干，无论是公务还是家事都处理得很好。他是18世纪欧洲启蒙主义思想的信奉者，推崇理性，相信西欧的近代文化优越于古老的俄国传统，也相信男女在智力和人格上都应当得到充分发展。列夫·托尔斯泰在作品中将他化身为住在童山的博尔孔斯基公爵——

> 他说，人有两个万恶之源：游手好闲和迷信，人的美德也有两个：活动和智慧。他亲自教育女儿，为了在她身上培养这两种美德，他教她代数和几何，把她的生活安排得没有一点空闲。他本人也是一天忙到晚，不是写回忆录就是算高级数学题，再不然就在车床上旋鼻烟壶，或者在花园里干活儿和监督在他庄园里从未间断过的建筑工程。①

在这个家庭里，玛丽亚公爵小姐受到了很好的教育。她温柔谦逊，懂得欧洲各国语言，对音

---

①[俄]列夫·托尔斯泰，刘辽逸译：《战争与和平》第1册，《列夫·托尔斯泰文集》第5卷，第109页。

乐有很高的领悟力。她还有一项看来是传给了列夫·托尔斯泰的才能——特别善于讲故事。

玛丽亚和尼古拉结婚的时候，正是沙皇亚历山大一世统治的末年。这是俄国历史上的一个紧要时期。沙皇年轻时对开明政治有某种朦胧的理想，一度希望在俄国进行改革，到了这时，他已经过早步入老年，对治理国家不再有丝毫热情，国事全部托付给反动的大臣阿拉克切耶夫。俄罗斯成了欧洲专制统治的堡垒，国家显得保守落后，死气沉沉。1825 年 11 月 19 日，亚历山大突然逝世，皇位被传给他的三弟尼古拉一世。军队里一群青年军官趁此时机发动起义，希望推翻君主统治，这是俄国历史上第一次有明确政治信念的革命——著名的十二月党人起义。起义被残酷镇压下去，许多人被杀害或流放，其中就有沃尔孔斯基家的谢尔盖·格利高里耶维奇。在妻子的陪伴下，他在遥远的西伯利亚服满了 30 年苦役。30 多年后，已经成为作家的列夫·托尔斯泰回到十二月党人起义这个题目上，着手写一部以他们为主人公的小说。这部未完成的小说将把人们带回亚历山大统治的 19 世纪初，这就是伟大的长篇小说《战争与和平》。然而，这是后话。

当起义的枪声在圣彼得堡响起的时候，列夫的双亲正住在远离激荡风云的雅斯纳亚·波良纳。尽管在婚前几乎没有什么交往，但两人的婚姻生活似乎是幸福的。尼古拉努力经营庄园，玛丽亚则照管家务。婚后 8 年，家里添了 5 个孩子。当时医学还相当落后，生育是一件十分危险的事情。列夫·托尔斯泰后来在好几部小说里描写过这种充满痛苦不安而又不得不听天由命的场面。在生小女儿的时候，公爵小姐的身体受到严重伤害，5 个月后便去世了。在 2 岁的年龄，列夫·托尔斯泰失去了母亲。这时候的列夫还太幼小，对于母亲，他几乎没有任何记忆，只是在长大成人以后，他才一遍又一遍地体会到自己生命里这惨痛的损失。

母亲去世后，童年的列夫继续住在雅斯纳亚·波良纳。他家里有父亲，三个哥哥——尼古拉、谢尔盖、德米特里，小妹妹玛丽亚，还有姑姑塔吉安娜·亚历山大罗夫娜·叶尔戈利斯卡娅。塔吉安娜是托尔斯泰家的远亲，她很小的时候起就住在列夫的家里，由老托尔斯泰伯爵夫人抚养成人，这时已经 40 岁了。托尔斯泰回忆起她，就像回忆母亲一样，充满了温柔的情感。他说："从我很小的幼年时代，她就教给了我爱的精神方面的快乐，不是用语言，而是用她整个的人，她使我充满了爱。"

尽管没有母亲，列夫·托尔斯泰的童年仍然是快乐的，充满天真的诗意。托尔斯泰家的孩子们彼此友爱。大哥尼古拉比其他的孩子都老成，自然成为这群孩子的领袖。列夫 5 岁的时候，尼古拉把大家召集起来，宣布一个秘密——原来有一种方法，可以让世界上的所有人都相亲相爱，让世界上不再有疾病、灾祸、纷争，不再有一切痛苦。尼古拉说，这个方法，他写在一根绿色的树枝上，埋在了一条路边。70 岁的时候，列夫·托尔斯泰写道："我当时相信有这样一根树枝，上面写着消灭人类一切过错而带来普遍幸福的方法。我现在依然相信这种真理是存在的，并且会显示给人类，把它所允许的一切给予他们。"

像 19 世纪俄国其他伟大的作家那样，托尔斯泰在自己的作品中也注入了对实现全人类的普遍幸福的信念。这种信念不是仅仅产生于抽象的思考，同时也深深地植根于个人的情感。从童年起，列夫·托尔斯泰就拥有一种特殊的天赋，用契诃夫的话来说，是"同情"的天赋，他能在自己身上体会到别人的，乃至别的生灵的痛苦。有一次，列夫想骑家里一匹名叫“渡鸦”的老马，可是几位哥哥在这以前都已经骑过这匹马，马儿十分疲倦，迈不开步子。恼怒之下，列夫用鞭子抽打它，直到鞭子打断了。他唤管马厩的仆人拿一根新的鞭子来，这个人却回答说——

“啊！少爷，你没有怜悯心！你为什么打它？它这么累，快要喘不过气来了。它虽然只是一匹马，但已经和一个老人家一样上了年纪。你还不如骑在一个老人家的背上，用鞭子抽他呢。你就不可怜它吗？”

列夫从马背上下来，才看到马儿是怎样费劲地用鼻孔吸着气，看到它的两肋汗水淋淋，冒着热气，不停抽搐。他哭起来，抱住马脖子，求它原谅。几十年后，他还忘不了这件事，把它写进了一篇给孩子们读的故事里。

列夫·托尔斯泰身上另一个特别明显的天赋，是他对于美有一种深刻而鲜明的体验。8 岁的时候，他在父亲面前背诵普希金的名诗《致大海》[①]，这是列夫很早就喜欢的诗，他从开头背起——

---

①写于 1824 年。译文引自查良铮译:《普希金抒情诗选》下卷，南京:江苏人民出版社，1988 年版，第 31—34 页。

再见吧，自由的原素！

最后一次了，在我眼前

你的蓝色的浪头翻滚起伏，

你的骄傲的美闪烁壮观。

铿锵壮美的诗句彻底征服了列夫的心灵，他激动万分，完全忘记了身边的一切，直到背完最后的诗行——

再见吧，大海！你壮观的美色

将永远不会被我遗忘；

我将久久地，久久地听着

你在黄昏时分的轰响。

心里充满了你，我将要把

你的山岩，你的海湾，

你的光和影，你的浪花的喋喋，

带到森林，带到寂静的荒原。

列夫·托尔斯泰还从母亲那里继承了领悟音乐的天赋。他在 23 岁时写的一段文章中，记述了小时候在客厅里听贝多芬《悲怆奏鸣曲》时的感受——

序曲里那抑制的、庄严的、然而激动的

> 主题，就好像害怕表示它自己一般，使我呼吸都停止了。乐句越美丽，越复杂，害怕有什么东西会破坏这种美丽的感情也就越来越强烈，而当乐句化为谐音的时候，欢愉的感情也就更加强烈。……在徐缓的乐章中，我昏昏欲睡，这时我的灵魂是宁静的、快乐的，我随时准备微笑，同时我有一个梦，梦到什么光亮的、白色透明的东西。可是C短调的叠句乐章惊醒了我。“他在说什么？他要到什么地方去？他要什么？”这时我希望一切都结束得快一点，更快一些点，更快一点。然而当他已经停止了哭泣和恳求的时候，我却还想听到他热情的诉苦。[①]

而在艺术之上，首先是自然。对于童年的托尔斯泰来说，从小居住的雅斯纳亚·波良纳庄园充满了美的事物。在自传体小说《童年》里，托尔斯泰描写了庄园秋收的情景——

> 一望无际的、金光闪闪的田野只有一面

---

①[英]艾尔默·莫德，徐迟、宋蜀碧译:《托尔斯泰传》，北京:北京十月文艺出版社，1984年版，第21—22页。

同蓝色的高高的森林接壤，当时在我看来，那片森林是个极其遥远的神秘所在，它后面不是天涯海角，就是荒无人烟的国度。整个田野上净是麦垛和农民。在割了麦子的麦地的茂密高大的裸麦中间，可以看见一个割麦女人弯着的脊背，她抓住麦秆时麦穗的摆动，一个妇人俯在阴凉里的摇篮上，还有散布在长满矢车菊的割完麦子的麦地上的一束束裸麦。在另外一边，农民们只穿着衬衣，站在大车上装麦捆，弄得龟裂的田地上尘土飞扬。村长穿着靴子，肩上披着厚呢上衣，手里拿着记数的筹码，他远远地看见爸爸就摘下毡帽，用毛巾擦擦他那长着红头发的脑袋和胡子，并且对妇女们吆喝。爸爸骑的那匹小小的赤骝马，迈着轻快嬉戏的步子走着，有时把头俯在胸前，牵扯着缰绳，用蓬松的尾巴驱拂着贪婪地粘在它身上的牛虻和苍蝇。两条狼狗紧张地把尾巴弯成镰刀形，高高地抬起脚，跟在马蹄后面，从高高的麦茬上优美地跳过去。米尔卡跑在前面，昂着头，等待着野味。农民们的谈话声，马蹄践踏声，车轮的辚辚声，鹌鹑快活的啼鸣声，

始终在空中成群飞绕的昆虫的嗡嗡声，艾草、麦秸和马汗的气味，炽烈的阳光在淡黄色麦茬上，在远处深蓝色的森林上，在淡紫色的云彩上照射出万紫千红、或明或暗的色调，以及那飘在空中、或者伸展在麦茬上的白蜘蛛网，这一切我都看见、听见和感觉到。①

许多人，特别是在很年轻的时候，对世界可能都有过充沛而丰富的感受。可是，抓住所有这些转瞬即逝的印象，将它们永远印在自己的记忆里，形成一幅包含着无限多微妙层次而又和谐统一的画面，却需要富有艺术气质的心灵。这些印象与感受被收藏在列夫的记忆里，就像种子埋在肥沃的土壤里一样，在他的心灵里生了根，在将来的某一天，它们将会萌发出新鲜的、洋溢着生命光辉的绿芽。

1837 年，列夫·托尔斯泰的父亲，42 岁的尼古拉·托尔斯泰伯爵在图拉的街头猝然去世。几个月之后，这一家的祖母，老伯爵夫人也随之而去。托尔斯泰家的孩子们暂时由姑姑亚历山德

①[俄]列夫·托尔斯泰，谢素台译：《童年》，《列夫·托尔斯泰文集》第 1 卷，第 25—26 页。

拉·伊利奇娜·奥斯滕-萨肯伯爵夫人照料。亚历山德拉姑姑虔信宗教，对人仁慈和善。可是4年之后，她也去世了。才只有13岁，列夫·托尔斯泰已经失去了4位亲人，死亡似乎萦绕在他的身边。最初，他长久地幻想着父亲只是因为什么原因暂时离开家隐姓埋名，将来有一天还会出现。每次路过街头，列夫总要在人群里寻找他的脸（后来他把这段记忆写进了《安娜·卡列宁娜》）。祖母临终时，列夫看见她穿着白衣服，躺在一张高高的床上，一动不动，脸色苍白，他永远也忘不了那时自己感到的恐惧。人会死，会永远消失，不复存在，成为虚无。这个事实，幼年的列夫·托尔斯泰完全无法理解。只是到成年以后，他才反复回到这个主题上，在作品中一次次再现它，思考它，试图窥破其中的奥秘。

亚历山德拉姑姑的死意味着托尔斯泰家的孩子们要暂时离开雅斯纳亚·波良纳，住到喀山的另一个姑姑彼拉盖雅·伊利奇娜·尤什科娃家里。从1841年到1847年，他们在喀山住了6年，只有夏天才回雅斯纳亚·波良纳。这结束了列夫·托尔斯泰的童年。

在喀山，哥哥们陆续考入喀山大学，列夫也

想进入这所大学，毕业后当外交官。1844 年的入学考试定在复活节以后，整个初春，托尔斯泰都在埋头用功，准备考试。这一年的春天来得迟，直到复活节前的一周还下了一场雨夹雪。雪后天晴，融化的雪水从房檐滴下，街道水流淙淙，枝条上已萌生了嫩芽，石头缝里也露出了绿色的苔藓，空气里充满芬芳清新的味道。年轻的列夫拿着课本坐在窗台上，一种只有青春期才会有的、似乎无限宽广的对人生的渴望充满了他的心胸。在《青年》中他写道——

> 一种新奇的、极其强烈和愉快的感觉突然浸透了我的心灵。潮湿的土地上，有些地方长出带黄茎的鲜绿草叶；溪流在阳光下闪闪发光，水里有泥块和木屑在打转；紫丁香的树枝已经发红，它那鼓鼓的蓓蕾在窗下摇曳；树丛里的小鸟不住啁啾；发黑的篱笆被融雪浸湿了；尤其是，这馨香湿润的空气和怡人的阳光，清楚地向我显示了一种新颖而美好的事物……一切都向我展示了美、幸福和美德；说明了，对我来说样样都是唾手可得、缺一不可，甚至美、幸福和美德都是一而二、二而一的东西。“我怎么会不理解这

一点呢？我以前有多么不好呀！将来我会，而且一定会多么快乐和幸福呀！”我自言自语说。“我必须快快地，快快地，马上变成一个截然不同的人，开始另外一种生活。”①

列夫·托尔斯泰努力学习，在1844年5月，还不满16岁时，便得到大学的录取。入学考试时，他的法语、德语、阿拉伯语和土耳其语都是“优”，英语和俄语则是“良”——未来文学家的语言天赋显露了出来。不过，另一方面，他对历史和地理几乎不感兴趣，也都拿到了最低的分数。托尔斯泰的同学纳扎里耶夫记得，有一次两人谈起历史，托尔斯泰猛烈地抨击历史学，说它是一切学问中最无聊，也是最无用的一门，只是一堆“寓言和一些无用琐事的汇集，夹杂着大量不必要的数字和专有名词而已”。托尔斯泰嘲笑说：“谁要知道伊万雷帝第二次结婚是在1561年8月21日娶了捷姆留克的女儿，而第四次结婚是在1572年娶了安娜·阿列克谢耶夫娜·卡尔特洛夫斯卡娅呢？……历史是怎样写的？都是按照历

①[俄]列夫·托尔斯泰，谢素台译：《青年》，《列夫·托尔斯泰文集》第1卷，第194页。

史学家捏造的一定的标准编的。”[①] 可以说，托尔斯泰之所以不喜欢这两门功课，是因为在这时，他感到这两门学科充满了生硬的事实，而事实之间却没有什么明确的联系。年轻的列夫正在成长为一个独立思考，努力形成自己见解的人。

在喀山大学，列夫·托尔斯泰先入东方语言系，接着又转到法律系。大学里的气氛很快令他失望。俄国的高等教育当年还相当落后，整个国家只有 3400 名大学生，教学方式也十分原始，并不鼓励自由思考。托尔斯泰在法律系唯一努力完成的工作，是德国教授迈耶尔布置的一项研究：比较叶卡捷琳娜大帝的《手谕》与孟德斯鸠的《论法的精神》在观念上的异同。列夫潜心研究，最终得出结论：叶卡捷琳娜的《手谕》试图把孟德斯鸠的共和思想改写成为专制主义辩护的工具，这实际上是不可能的，因此《手谕》只是这位女皇的自私、专横与虚荣的产物，虚有其表，并没有给俄国人民带来真正的益处。除此之外，他缺席了大多数的功课，在内心里，他反复自问：

①[俄]托尔斯泰娅等，冯连驸、张韵婕、裴兆顺译：《纳扎里耶夫的回忆》，《同时代人回忆托尔斯泰》上册，上海：上海译文出版社，1984 年版，第 60 页。

“我希望自己从这里离开后成为有知识的、有用的人，可我真正从这里得到的是什么呢？我会有什么用呢？谁又会对我有什么需要呢？”

渴望成为“有用”的人，渴望找到自己在世界上发挥作用的方式，这或许是正处于青年时代初期、朝气蓬勃的人共有的一种精神理想，而在托尔斯泰家的青年身上，这种渴望表现得格外强烈。列夫的三哥德米特里（小名米钦卡）从小便是兄弟中最理想主义的一个，曾经独自跑到圣彼得堡去觐见国务大臣，什么要求也不提，只问大臣在什么地方他可以找到一个能让自己“有用”的位置。这种要求令圣彼得堡的上流社会大吃一惊，但在列夫看来却完全可以理解。他一直认为，米钦卡是兄弟中最真诚、最纯洁的一个。

历史学家告诉我们，自从17世纪罗曼诺夫王朝建立以来，特别是自从彼得大帝以强有力的手段在俄国推行改革以来，俄罗斯缓慢地从一个“门阀贵族”的社会转变为一个“服役贵族”的社会。[①] 也就是说，一个俄罗斯贵族的社会地位，不仅要看他的家世和财富，而且首先要看他担任

①[俄]克柳切夫斯基，左少兴等译：《俄国史教程》第3卷第41讲，北京：商务印书馆，1996年版。

的职务——军衔和官位。因此，在普通贵族子弟看来，为国效劳和自己飞黄腾达的野心是合二为一的。但是，对于托尔斯泰兄弟们来说，“有用”首先是一种与人生观紧密关联着的品质。1847年春天，列夫在日记中写道：“生活方式的改变是必定会发生的。但要使这种改变成为心灵的产物，而不是环境的产物。在这里我碰到一个问题：人生的目的是什么？……最后我总是得出这样一个结论：人生的目的是尽一切可能促使一切存在着的东西得到全面的发展。如果我找不到自己的生活目的——一个总的、也是有益的目的，那么我就是一个最不幸的人。现在我毕生都要积极地、不断地追求这个目的。”①

在写这段日记的时候，列夫·托尔斯泰已经下定决心从喀山大学退学。他不喜欢学校里僵硬呆板的气氛，也厌恶喀山上流社会的生活方式。建立在群山环抱的伏尔加河左岸沼泽地上的喀山城，原本曾经是俄国对鞑靼人作战的前哨，更早的时候则是喀山汗国的都城，而现在不过是一个

①1847年4月17日的日记，[俄]列夫·托尔斯泰，陈馥、郑揆译：《列夫·托尔斯泰文集》第17卷，第6页。

无所事事的边远城市。法国作家亨利·特罗亚评论说，喀山上流社会习惯于花天酒地的生活以弥补这座城市的空虚无聊。[①] 当托尔斯泰兄弟在这里生活的时候，按照一个同时代人的记载，有身份的人甚至不用在自家开火做饭，因为每天总有起码二三十个饭局，人们聚在一起大吃大喝，闲聊谈天，然后回家小睡片刻，到晚上一切又重新开始，如此周而复始。在这个城市里，没有真正重要的事件，没有必须要完成的工作，没有（按托尔斯泰的标准）生活的意义，没有真正的生活本身。在《青年》里，托尔斯泰尖锐地讽刺了这种社会的价值观，即“comme il faut”（“体面”）。这种价值观把人分为“体面”和“不体面”两类，而“体面”的条件包括：要能讲一口流利的、上流社会的法语，要留着好看的长指甲，要懂得怎样跳舞、行礼和应酬，还要知道如何摆出一副万事不关心的、优雅而傲慢的厌倦神情。有了“体面”，人就算完成了自己的使命，人生才有了价值。托尔斯泰写道——

在青年时期的某一阶段，犯过许多错误，

①Henri Troyat, *Tolsto*, Grove Press, 1967, P40.

迷恋过许多事物以后，每个人通常都理解到必须积极参加社会生活，选择一个劳动部门为它献身；但是一个 comme il faut 的人却很少这样做。我过去认识，现在还认识许许多多年老的、高傲的、自以为是的、判断力很强的人，如果在阴间向他们提出这样一个问题："你是干什么的？你在阳世做了什么？"他们只能这样回答："Je fus un homme très comme il faut."（"我活过了极其体面的一生。"）①

1847年4月19日，托尔斯泰向大学递交了退学申请。在这之前一个星期，托尔斯泰家的兄妹们刚刚处理好家产的分配。列夫继承了他珍爱的雅斯纳亚·波良纳和另外四个田庄，有2100公顷土地。他决心回到自己的田庄上，做一个负责任的、"有用"的地主，同时寻找自我完善的方式。他拟定了一个学习提纲：学习法律以准备申请学位；学习医学原理和应用医学；精通法语、俄语、德语、英语、意大利语和拉丁语；学习农业理论和实践；学习历史、地理和统计学；学习

①[俄]列夫·托尔斯泰，谢素台译：《青年》，《列夫·托尔斯泰文集》第1卷，第290—291页。

高中课程的数学；写完大学学位论文；尽可能完善音乐和绘画的技能；写下自己的行为准则；了解自然科学；最后，在学习的每一门学科上，写一篇简短的论文。可以看出，这是一个极其庞大的学习计划，只有特别年轻，对生活和自我的可能性怀有无限热情的人，才会拟定这种根本不可能完成的计划。

除了各学科的具体知识以外，青年托尔斯泰真正需要和极力探寻的，是对生活之谜的一个清晰的回答。只有这样，他才似乎能在自己内心洋溢着的渴望与未能满足这种渴望的痛苦之间找到解决之道。本来，在整个童年时代，列夫·托尔斯泰并不是一个读书很多的孩子。当他回忆那段岁月时，记得他读过并且喜欢的作品有：《圣经》《一千零一夜》和波戈列利斯基的童话、各种俄罗斯民间故事与“壮士歌”[①]，还有普希金的诗。这些作品有一个共同的特点，即质朴自然。在托尔斯泰的一生里，他始终将这一点看作是最宝贵的品质。而现在，他开始大量阅读文学作品。他后来列出过这段时间自己读过并深受影响的书，包括：

①壮士歌是俄罗斯民间叙事诗的主要体裁。

《圣经·马太福音》

斯特恩的《感伤之旅》

卢梭的《忏悔录》《爱弥儿》和《新爱洛依丝》

普希金的《叶甫盖尼·奥涅金》

席勒的《强盗》

果戈里的《外套》《伊万·伊万诺维奇》《涅瓦大街》《死魂灵》

屠格涅夫的《猎人笔记》

德鲁日宁的《波林娜·萨克斯》

格利戈罗维奇的《苦命人安东》

狄更斯的《大卫·科波菲尔》《塔曼》

莱蒙托夫的《当代英雄》

普雷斯科特的《墨西哥征服史》[①]

在这份书单里，格利戈罗维奇的小说特别值得一提。托尔斯泰称赞说，这本小说不再将农奴看作风景的附属物，而是“生活的导师”，这也正是托尔斯泰本人在之后的生活里慢慢形成的观点——不再将俄罗斯人民当作屈尊俯就的对象，

①1891 年 10 月 25 日的信，《列夫·托尔斯泰文集》第 16 卷，第 241—242 页。

而是看作有着真正可贵品质的人。

在雅斯纳亚·波良纳住了一年多之后，托尔斯泰不再是经营庄园的新手，可是一种理想破灭的苦恼却日益缠绕着他。几百年来被贵族地主践踏的农奴精神上的创伤，不是通过几年时间热忱的工作就能够医治好的。他一天天感到，自己的生活所依靠的农奴制度是那么不合理，农奴们在物质和精神上的需要是那样迫切，而自己的全部努力却只产生了那么微小可怜的成果——这一切令托尔斯泰产生了一种“交织着疲倦、羞惭、无能为力和悔恨的复杂情绪”。在根据这段经历写成的中篇小说《一个地主的早晨》里，托尔斯泰写道——

> 我未曾体验到幸福，倒是弃绝了能带来欢乐的一切。这是为什么？目的何在？对谁有利？还是姑妈的话对：使自己幸福比使别人幸福容易。我的农民富裕起来了吗？他们受到了教育，或者道德水平提高了吗？一点儿也没有。他们的情况并没有改善，而我的心情却一天比一天沉重。哪怕我能看到我的事业有一点儿成就，哪怕有人感谢我……可是我看到的却是错误的因循守旧、恶习、不

信任、束手无策。[①]

正当托尔斯泰陷入这种痛苦之中时，巨大的历史事件——革命的洪波在整个欧洲涌过。1848年2月24日，只用了几个小时，巴黎的革命就推翻了七月王朝；3月13日，维也纳起义；4天以后，米兰起义；3月18日，柏林革命群众占领了自己的城市，普鲁士国王向自己的人民投降。不到一个月，三个看似威仪棣棣、不可一世的王朝在革命的力量面前垮台了。与此同时，在托尔斯泰的生活里却什么也没有发生，雅斯纳亚·波良纳的夏夜闷热平静，毫无波澜。苦恼的托尔斯泰断定："我在浪费人生最好的岁月！"1848年10月，在乡间度过两个夏天之后，托尔斯泰动身去莫斯科，整个冬天在莫斯科的社交界消磨时光，什么事也没有做。1849年初，"一种对于知识的模糊的渴望"又将他引到了圣彼得堡，他在那里准备圣彼得堡大学的学位考试。这一年4月，他参加了民法和刑法的考试，成绩优异。但这时，他再一次改变了心意，不想继续学完课程以便担

①[俄]列夫·托尔斯泰，陈馥译：《一个地主的早晨》，《列夫·托尔斯泰文集》第2卷，第391页。

任政府文职，而想加入军队，去过行伍生活。之后的两年里，列夫·托尔斯泰轮流住在莫斯科和雅斯纳亚·波良纳，有些时候努力尝试一种合乎他自己道德观念的、单纯而朴素的生活，有时却又回到他在理智上厌恶、知道不该纵容自己去过的上流社会的浮华生活里。实际上，所有这一切的自相矛盾和反复无常，除了因为他才刚 20 岁出头，还特别年轻以外，更多的是由于他内心的深刻危机。少年时代养成的价值观——要成为“有用”的人的理想仍在他心中燃烧，但此时他却不知如何是好——“长久以来使我苦恼的是，我没有一种能够决定整个生活方向的来自内心的思想或感情……”①

1851 年初，还未满 23 岁的列夫·托尔斯泰下定决心离开自己从小熟悉的一切生活环境，到南方的高加索去，尝试一种新的生活。1851 年 4 月 20 日，和这时在高加索担任炮兵军官的哥哥尼古拉一起，列夫离开了雅斯纳亚·波良纳。一个月之后，他已在高加索的群山之间。

---

①1851 年 2 月 28 日的日记，《列夫·托尔斯泰文集》第 17 卷，第 10 页。

第二章
战争（1851—1855）

白雪皑皑的山巅，莽莽苍苍的森林，林间清澈的露滴，从岩石间奔涌而下的湍急的溪流……在年轻的列夫·托尔斯泰的梦想里，高加索似乎迥异于他过去经历过的一切。像每个有教养的俄国贵族一样，他早就读过普希金笔下的高加索——“乌云在我脚下俯顺地飘逸，穿过乌云，我听见了喧响的瀑布；峥嵘赤裸的层巅在云下耸立，再往下面，是枯索的苔藓和灌木；更往下看，已经有翳翳的林荫，小鸟在鸣啭，一群群鹿在驰奔。在那里，山坳中，聚集一些人家，一群绵羊在青绿的岩壁上爬行，一个牧人正朝愉快的山谷走下，阿拉瓜河的两岸铺满了浓荫；一个穷汉骑着马，没入夹谷山道；捷列克河在猛烈地欢腾，咆哮……”①

位处黑海和里海之间、狭长而崎岖的高加索山地，是俄国、土耳其与波斯之间的边疆区域，居住在这里的许多部族，有些信仰东正教，有些信仰伊斯兰教，但都不愿意在环伺的大国之间失去自己的独立和自由。几个世纪以来，土耳其与波斯的国力慢慢衰落，逐步向南进入这一地区的是日益强大起来的俄国。从 16 世纪开始，俄国人越过捷列克河，在沿海地带和外高加索建立起许多要塞和营地，定居下来，一点一点地向仍控制在山民手中的、险峻难行的高山地带推进。整个 19 世纪上半叶，在双方接触的前哨线，各种大大小小的战斗接连不断。自从普希金开始，深受浪漫主义文学影响的整整一代俄国青年，试图在这里找到能够打破和克服俄国日常生活里那种压抑气氛的力量。一生歌咏高加索，最终在这里因决斗去世的莱蒙托夫曾这样抒写高加索的风景和它在人们心灵中留下的印象——

这条路仿佛一直通到天上，因为极目望

①[俄]普希金，查良铮译：《高加索》，《普希金抒情诗选》下卷，第 303 页。

去，它始终往山顶伸展上去，最后又消失在白云深处，——那白云从黄昏起就歇在古德山的峰顶上，好像一只守候猎物的老鹰。雪在我们的脚底下飒飒发响。空气很稀薄，呼吸都感到有些困难。血不断地涌到头上，但同时有一种快感传遍我周身的血管。想跟大自然接近时，大家都不由得变成孩子了：心灵摆脱了后天压在身上的种种负担，恢复了本来面目，或者说，有朝一日会重新出现的面目。谁只要像我一样漫游过荒山野岭，长期欣赏过它们超凡的雄姿，并且贪婪地吞吸过泛滥在峡谷间的清新空气，谁就自然会理解我为什么要介绍、叙述和描写这些魅人的景色。①

正是在这里，“山中好汉契尔克斯人，高唱起自由的歌曲”。在高加索，除了瑰丽的自然风光之外，还有质朴而强悍的人——信仰旧教②的

①[俄]莱蒙托夫，草婴译：《当代英雄》，北京：人民文学出版社，1978 年版，第 27—28 页。

②在托尔斯泰生活的时期，俄罗斯的官方信仰是 17 世纪宗教改革之后的东正教。高加索的大多数哥萨克则拒绝接受这一改革，坚持信奉先前的教义，即旧教。

哥萨克、信仰伊斯兰教的车臣和塔吉斯坦人，他们充满活力的生活是大多数俄罗斯人不知道、不了解的，但在浪漫的想象里，那种生活似乎与北方的人们在圣彼得堡、莫斯科、喀山、图拉、雅斯纳亚·波良纳过日子的方式截然不同，而这正是他所期待的。在10年之后完成的中篇小说《哥萨克》里，托尔斯泰生动地回忆起当时的心境——随着一处处驿站落在身后，“现在，他已经是向往未来，向往高加索了。对未来的一切幻想，是和阿马拉特伯克（部族首领）、契尔克斯少女、山、悬崖、凶险的急流和冒险等概念结合在一起的。这一切都是模模糊糊的；但是诱惑人的光荣和威胁着人的死亡，构成了未来的兴趣。”① 年轻的列夫·托尔斯泰伯爵坐在马车里，向着南方疾驰而去，他最初憧憬的正是这样一种生活。

1851年5月30日，列夫·托尔斯泰来到高加索的哥萨克小镇斯塔罗格拉多夫斯卡娅，尼古拉哥哥所在的炮兵队驻扎在这里。激动人心的、

①[俄]列夫·托尔斯泰，刘辽逸译：《哥萨克》，《列夫·托尔斯泰文集》第3卷，第168页。

传奇故事里的冒险生活并没有降临。列夫在小镇无所事事。“我怎么来了这里？我不知道。又为了什么呢？也不知道。”过了几天，列夫和哥哥一起来到临近前线的斯塔里－尤尔特，这是一个位于温泉附近的设防营地，居民的生活十分原始，列夫感到有些失望。高加索的真正诗意并非像诗歌所写的那样，表现为童话般的浪漫形象，让人一目了然，而是蕴含在这里普通人的日常生活之中，这一点，他还需要时间去慢慢了解。此刻，回顾将自己与往日生活分隔开的遥远路途，列夫并未感到正环绕着自己的山村风光有什么特别之处，不过，在草原上慢慢接近高加索的那段旅途，如今在回忆中变得鲜明起来。在过去一个月里积累的印象猛然从他心灵中涌现。“他整个身心好像有一种从过去的一切解脱出来的焕然一新的自由感觉。”从草原远远看去，群山是多么不可思议啊。最初他看见的只是一些灰白色的、卷曲着的东西，无论怎样睁大眼睛，看起来也不像曾经在书里读到过无数次的壮美的雪山。可是，第二天早晨，清新凉爽的晨风将他从驿车上拂醒过来，他眨着惺忪的睡眼，当他正漫无目的地抬头望去，突然看见在仿佛那么近的地方，洁白的、奇异的、巨大而又柔和的，雪山的轮廓在湛蓝的天空中分明地衬托出来——“当他弄清楚他和山与天空之间离得那么远，群山是那么庞大的时候，当他感到这种美是怎样的无限的时候，他惊呆了：这怕是幻景，是梦境吧。”起初，这些山只是令他惊奇，随后则让他感到喜悦，再往后，在每一天的行程结束时，在落日与落日之间，当明白这些从草原上巍然耸立、奔向远方的山峦是如此辽远，如此连绵不绝时，他开始一刻不停地在自己心里感觉得到它的存在，所思所想仿佛也像这山一样变得严峻庄重了。“一切莫斯科的回忆、羞愧、悔恨，一切对高加索的可鄙的幻想，统统消失了，一去不复返了。‘现在才是开始。’仿佛有一个庄严的声音对他说。”① 人生中第一次，托尔斯泰明确地、自觉地在日记里写下：“我想写很多东西，写从阿斯特拉罕到这个镇的旅途见闻，写哥萨克人，写鞑靼人，写草原……”②

在这一时期，高加索的各个村镇，不论大

①《列夫·托尔斯泰文集》第3卷，第170—171页。

②1851年5月30日的日记，《列夫·托尔斯泰文集》第17卷，第11页。

小，都带有某种兵营的气氛。在这里，日常生活穿插着突然爆发的短促战斗，而在战斗之间则是不安的平静。作为一个志愿参加战斗的年轻伯爵，远离圣彼得堡的社交或雅斯纳亚·波良纳的农事，列夫有很多时间观察和思考。不知不觉间，在托尔斯泰的日记里，对于生活的思考开始和对于文学的思考混合在一起——

> 难道感情是能够表达出来的吗？能不能用什么办法把自己看到大自然时的观点传达给另外一个人呢？描写是不够的。为什么诗和散文，幸福和不幸如此紧密相连？应该怎样生活？努力把诗和散文一下子结合起来呢，还是先享受一个，再听凭另一个摆布？……
>
> 能把自己的道德成长过程写下来一定很有趣，但是不仅语言，就连思想也不足以将它表述。伟大的思想是没有极限的，而作家们早已在表述思想方面走到了极限。下棋，吃晚饭，现在睡觉。我生活的琐碎使我痛苦，我感觉这是因为我本身是琐碎的。不过我还能够蔑视自己和自己的生活。我身上有一种东西使我相信，我生来就不是要做一个

像一般人那样的人。这种情况是怎么产生的呢？……不是渴求功名，我不要功名而且蔑视它，而是渴求对人们的幸福和利益产生重大影响。难道我就怀着这个没有希望实现的愿望像蜡烛一样渐渐熄灭吗？……①

在日复一日的自我审视中，托尔斯泰感到，自己苦苦寻找的，首先是“一种心境，一种看事物的观点，一种生活方式”。他觉得自己怎么也寻找不到这种东西。他探索，苦恼，挣扎，整夜思考，感到自己无知而茫然，一次次写下自己应该遵行的生活准则，又一次次责备自己违背它们。才 23 岁，他就觉得自己已经衰老，心力交瘁，深陷于自相矛盾之中。在痛苦的自我怀疑中，列夫·托尔斯泰没有注意到，尽管他还不能用明晰的、理性的语言概括自己的思想，他却已经开始在日记中用极其简洁而生动的文字描写自己观察到的日常生活。刚到斯塔里－尤尔特的第一个夜晚，列夫写道——

①1851 年 7 月 3 日和 1852 年 3 月 29 日的日记，《列夫·托尔斯泰文集》第 17 卷，第 18 页、第 27 页。

> 夜是明亮的，爽人的微风透过帐幕摇曳着结花的烛火。山村里传来遥远的狗吠声、哨兵的呼哨声。搭棚子用的橡树枝和法国梧桐树枝渐渐干了，散发着香气。我坐在棚子底下的一只鼓上。这棚子四面都与帐幕毗连，一面的帐幕掩着门，另一面的帐幕敞着，极其阴暗，只有一线光落到哥哥的床脚。我眼前的这一面却照得通明，棚壁上挂着手枪、军刀、匕首、衬裤。静静地，听得见风儿在吹。一只小虫飞过去，在烛火周围绕了一圈。近旁有个士兵抽泣了一下，大声叹了一口气……

两个月以后，在斯塔罗格拉多夫斯卡娅，托尔斯泰坐在小屋窗边，凝视着外面刚刚降临的夜晚——

> 月亮还没有升上来，东南边天上的晚霞却已开始发红。微风吹过，带来爽人的气息。蛙声和虫鸣融成一片，形成一种莫名的、单调的夜声。天穹明净，缀满了星星。……在又大又亮的星星后面，可以看出由小星星形成

的一片白色的东西。你看清了它们，正观赏着它们，忽然它们又都隐去，那些大星却离你更近了……①

在这些朴素、优美、充满抒情气息的片段中，恰恰包含着托尔斯泰此时苦苦寻觅而不得的“观点”——一个艺术家体验世界的方式。高加索并没有提供什么非凡的事物，但平常生活里那些普通人习焉不察的感觉，在托尔斯泰笔下却以一种奇异的方式关联起来，显得熠熠生辉。人们像是能透过文字和他一起闻到从树枝里流出的芬芳，和他一起听到夜晚窸窣作响的声音，看到深蓝色天幕上永远颤抖着的星星。这是一个天才艺术家让自己的心灵向人们敞开的方式。高加索的魔力正在帮助托尔斯泰让自己内心喷薄着的东西变得清晰起来，将他转变为一个真正的作家，但这时候，他还没有清楚地意识到这一点。

1851 年 8 月，在到达高加索两个多月之后，托尔斯泰终于如愿参加了第一次战斗——对车臣人的一场进攻。在战斗中，年轻的列夫·托尔斯

①1851 年 6 月 11 日和 8 月 10 日的日记，《列夫·托尔斯泰文集》第 17 卷，第 16 页、第 19 页。

泰伯爵的勇敢引起了陆军元帅亚历山大·伊万诺维奇·巴里亚京斯基的注意。元帅极力劝说列夫正式入伍。于是，1851 年 10 月底，托尔斯泰前往高加索的首府第比利斯，打算在那里办理服军役的手续。一场没预料到的重病将他留在第比利斯，直到 12 月下旬托尔斯泰才完成必需的手续。在第比利斯的两个月里，没有什么熟人前来拜访，只有塔吉安娜姑姑和尼古拉哥哥偶尔写来邮件，打破他病中的岑寂。这些日子，列夫·托尔斯泰将自己关在住所里，他在做一件从来没有做过的事——埋头写一部认真准备发表的作品《童年》。

写作的苦恼折磨着托尔斯泰。他的第一部作品写了很长时间，1852 年初，他动身返回军队的时候，小说才只写了一部分。从 1 月底到 2 月，托尔斯泰以炮兵士官生的身份在前线战斗，手稿也就搁置了起来。3 月份，战事停止，他一面修改已有的章节，一面继续写下去。他既感到自己在写作上是一个新手，对写成的稿子缺乏信心，但又隐约觉得自己确实写出了一些有价值的东西。1852 年 7 月 2 日，托尔斯泰最后一次修改完《童年》，读了一会儿卢梭的《新爱洛依丝》，起草了一封恭恭敬敬的投稿信，将信和手稿一起寄往16年前由普希金创办的著名杂志《现代人》编辑部，随即埋头重读卢梭和柏拉图的著作。1852年8月28日，生日那天，他在日记里写道："我满24岁了，仍然一事无成。8年来我一直同疑惑和种种欲望做斗争，这不是没有原因的。不过，我的使命究竟是什么？将来会清楚。"[①] 第二天，托尔斯泰收到《现代人》杂志编辑涅克拉索夫寄来的热情洋溢的信，信中盛赞《童年》是充满才气的作品——俄国知识界和文学界最负盛名的杂志决定发表这部小说。

正如涅克拉索夫所言，《童年》是一部"朴素而真实"的作品，但这种朴素真实却不是随意为之，而是通过高超的文学技巧实现的。托尔斯泰化身为小孩子尼古连卡，从他的视角写儿童的生活感受。与当时大多数流行小说不同，托尔斯泰在自己的第一部作品中就完全摆脱了俗套的写法，不渲染复杂的故事情节，也不进行华丽的场面描写，而是体贴入微地刻画人的心理活动，即使在情节发展到特别紧张的时刻（例如家里准备

①1852年8月28日的日记，《列夫·托尔斯泰文集》第17卷，第33页。

解雇孩子们喜爱的家庭教师卡尔·伊万内奇的时候，以及妈妈猝然去世和举行葬礼的时候），也不是铺陈戏剧性的场面，而是着力写事件在人心中引起的瞬息万变的感受。将无关紧要的叙述与描写删减到尽可能少的程度，没有任何矫揉造作的情节和修饰——这造就了托尔斯泰小说语言的朴素；另一方面，托尔斯泰从无情而诚实的自我审视中了解到，真实的人，情感和思绪既不会固定在某一个点上，也不能纳入某种固定的模式，而是微妙多端、变化无常的。能够洞察人的变幻莫测的心理活动，并通过最简洁而有力的手法——多层次的心理引语和精到的动作与神态描写来表现它，这是托尔斯泰成熟期创作中最显著的特点，《童年》则是他对这些手法的初次运用，是大师的处女作。小说写尼古连卡听说自己要和爸爸、哥哥一起去莫斯科外祖母家生活，但妈妈要独自留在乡下，这时——

> 我非常，非常舍不得妈妈，但同时，一想到我们真的成了大人，心里又很高兴。
>
> “如果我们今天走，那就一定不上课了。这太妙了！”我暗自思索。“可是，我替卡尔·伊万内奇难过。他大概会被辞退，要不然，

> 就不会给他准备那个封套了……最好还是永远学习下去，不要走，不要离开妈妈，也不要让可怜的卡尔·伊万内奇伤心。他本来就够不幸的了。”
>
> 这些思想掠过我的心头；我一动也不动，目不转睛地望着我鞋上的黑蝴蝶结。[①]

《童年》的这些特点，使得小说仿佛和风一般拂过俄国的文学界，带来一股清新的、富有真实生活诗意的气息。这一期《现代人》的读者几乎无不被《童年》吸引，人们纷纷询问，小说的作者，这位大家不认识的“L. N. T.”（托尔斯泰出于谦逊和羞怯只署了姓名的首字母）究竟是谁？最初，只有《现代人》编辑部的人知道。1852年10月28日，被《童年》深深打动的作家屠格涅夫写信给涅克拉索夫，同意涅克拉索夫的判断——“这是一位新的、大有希望的天才”[②]。恰好，屠格涅夫的庄园离托尔斯泰的小妹妹玛丽亚家不远，他将这一期《现代人》杂志带给了玛

①《童年》,《列夫·托尔斯泰文集》第1卷,第14—15页。

②[俄]屠格涅夫,张金长译:《屠格涅夫全集》第12卷,石家庄:河北教育出版社,2000年版,第125页。

丽亚。十分惊奇地，玛丽亚一页页地翻着小说，认出了托尔斯泰家的人们——哥哥谢尔盖、爸爸、老伯爵夫人，家里的亲戚戈尔恰科夫公爵、伊什连耶夫和穆欣-普希金兄弟，还有玛丽亚自己。“这会是谁写的呢？谁能这么了解托尔斯泰家的事呢？也许是尼古拉？不，怎么可能，怎么也不会是列夫！”①

从四面八方来了热情的喝彩。除了《现代人》杂志，《祖国纪事》的杜德什金，《莫斯科人》的阿尔马佐夫，也都给予小说以好评。② 1852 年 11 月 25 日，列夫·托尔斯泰在小木屋里，就着微弱的烛光，读了对《童年》的评论，巨大的喜悦穿透了他的心胸。第二天，他记下自己接下来的写作计划，又冷静地评论道：“我知道自己有足够的自尊，不会写得很糟；但我并不知道有没有足够的才华写好。”托尔斯泰这时有了好几篇小说的构思。他打算接着写《童年》的续篇《少年》，想根据自己在雅斯纳亚·波良纳务农的经历写《一个地主的早晨》，同时，他也要写自己的高加索经历。

---

①Henri Troyat, *Tolsto*, P97.

②A. V. Knowles, *Leo Tolstoy*, *The Critical Heritage*.

来到高加索一年半以后，行伍生活在托尔斯泰眼中早已不再有他曾经幻想过的那种传奇色彩。在其他贵族军官们看来，年轻的列夫·托尔斯泰伯爵是一个高贵、有教养但待人冷淡、时常沉浸在自己思索里的人。他客客气气地招待同僚，但在精神上却和他们十分疏远。对于生活在自己身边的普通哥萨克，托尔斯泰怀着一种更复杂的情绪，他羡慕他们的自由，不像他自己这样陷于无穷无尽的自我探索和精神苦恼的自由。10年之后，托尔斯泰回顾道——

> “这里没有什么毡斗篷、悬崖、阿马拉特-别克、英雄和强盗，”他想道，“人们像大自然一样地生活着：死，生，结合，再生，战斗，喝酒，吃饭，欢乐，然后又死，除了受自然加之于太阳、青草、野兽、树木的那些条件限制之外，不受任何条件的限制，他们没有其他的法则……”因此，这里的人跟他本人比较起来，他觉得是美好的，强健的，自由的，看见他们，他就为自己羞愧而且难过。[①]

①《哥萨克》,《列夫·托尔斯泰文集》第3卷,第270页。

他时常想抛掉一切，加入这群人们，买一匹马、一间小木屋和一些牲口，当一名哥萨克，娶一个哥萨克姑娘，打猎，捕鱼，出征。“为什么我不这样做呢？我还等什么呢？”然而，一种模糊但有力的意识阻止着他，告诉他，他不是也不会成为一名哥萨克，他可以抛掉物质世界的一切，但无法抛掉内在的自我意识，他永远要想着“人如何才是幸福的”，永远不能像一个普通哥萨克那样，仅仅是生活着，却想不到这个问题，也想不到自己是谁——他是列夫·尼古拉耶维奇·托尔斯泰，有教养的俄国贵族，对雅斯纳亚·波良纳几百名农奴负有责任的地主，未来的文学家，一个烦恼的人。

在 1852 年 2 月 18 日的战斗中，一发炮弹恰巧击中托尔斯泰负责的大炮，击碎了炮架的车轮，在托尔斯泰面前爆炸，他本人则奇迹般地毫发无伤。[①] 在战斗中，他敢于直面枪林弹雨，知道生命危险并不能吓倒自己，这让他体会到勇敢精神带来的振奋之感；然而，俄国在高加索的战

---

①1903 年 6 月 3 日的信,《列夫·托尔斯泰文集》第 16 卷,第 293 页。

斗，以及为此组织起来的一整套军队制度和仪式，都令他感到缺乏意义，与之格格不入。刚刚正式入伍不久，托尔斯泰便在日记中写道："我所能期望于服役的最好的东西就是退役。"

一方面赞赏人们在战斗的生死关头表现出的勇气，另一方面又深感战争是如此野蛮、残忍、不正义，这一矛盾促使托尔斯泰为自己找到一种独特的写作手法，努力展现人在战争中真实的生存状态——军官、士兵、山民，结果他写出的既不是黩武的战争颂歌，也不是从抽象理念出发反对战争的宣言。1852年底，托尔斯泰写成了短篇小说《袭击》。这是一篇优美的速写，作者以简洁有力的粗线条勾勒出一个个人物——高尚而沉着的赫洛波夫大尉、虚荣而勇敢的罗森克兰茨中尉、天真纯洁的准尉阿拉宁，还有普通的俄罗斯士兵，他们都具有某些人性的尊严与可爱，也都在肉体和精神上遭到各种各样的创伤，承受着战争的苦难，战争本身的不合理暴露无遗。这篇小说奠定了托尔斯泰对战争的基本观点，在后来的写作中，这一观点又得到了更深刻的发展。

除了怀疑自己参加的战争的正义性之外，托尔斯泰希望退伍的另一个原因是他对自己在高加索的生活方式不满意。和当时许多俄国贵族一样，他也养成了一些大老爷的生活做派——吃喝，赌博，沉溺于虚荣。其中最令他感到痛苦的是赌钱的习惯，之前在喀山和莫斯科，他就因为赌博输了一大笔钱，来到高加索，这一恶习仍然时不时地发作。这也是他在日记中屡屡谴责自己的过错之一。短篇小说《台球房记分员笔记》，写一个贵族青年由于赌博而堕落，便是根据托尔斯泰在高加索打台球输钱的亲身经历写成的，他后来在《战争与和平》《安娜·卡列宁娜》和《复活》中也不止一次写过赌博给人格带来的羞辱感。现在，当他一天天明白写作才是自己真正的使命，体会到文学的崇高与美后，他身陷其中的浪荡生活就更显得不可忍受了。他觉得，这种生活没有目的，混乱忙碌，身边净是一些“不想理解也不能理解任何稍微严肃或高尚点儿东西的人”，不得不与他们相处，使得自己在精神上也衰退了——“既然我在高加索的生活像这个样子，高加索对我有什么可称道的益处呢？”①

---

①1853 年 1 月 21 日的日记,《列夫·托尔斯泰文集》第 17 卷,第 37 页。

托尔斯泰属于一类特别的天才，对人对己，对身边的环境，判断都特别冷峻苛刻，也许是外祖父老沃尔孔斯基公爵的性格传给了他——许多亲戚都说，托尔斯泰继承了老公爵的眼睛，小而严厉，目光炯炯，像是要无情地穿透周围的一切。他已经在高加索得到了自己寻找的东西，继续留在这里仿佛纯属折磨，不再有什么意义。然而，俄国军队的官僚作风导致退役的手续比入伍还要烦琐，整个 1853 年，托尔斯泰滞留在高加索，不耐烦地等待离开，只有文学工作能激起他的活力。他着手构思小说《圣诞夜》《哥萨克》，动笔写《少年》和《伐林》，大量阅读文学作品，在日记中随时记下自己的创作心得。托尔斯泰以惊人的速度成熟起来，当他终于离开高加索时，他已是一个严肃的、有自己文学观点的青年作家——一个找到自己天职的人。

1853 年底，托尔斯泰的退役手续还没有完成，他忍无可忍，一心只想动身远行。这时，俄国与奥斯曼土耳其之间的战争已经爆发，8 万俄国军队开出国境，占领了奥斯曼帝国的属地——多瑙河流域的两个公国瓦拉几亚和摩尔达维亚，老托尔斯泰伯爵夫人娘家的亲戚，米哈伊尔·德米特里耶维奇·戈尔恰科夫公爵受命担任俄国多瑙河军团的总司令，托尔斯泰向他求援。在公爵的帮助下，年轻的炮兵军官总算接到了去多瑙河军团第十二炮兵旅第四连的调令。调令相当照顾，给托尔斯泰留下回家探访的假期。1854 年 1 月 19 日，托尔斯泰起了个大早，整个上午在房间里，奋笔写完《少年》，随即踏上归途——在告别的那天，他的心情也发生了奇妙的变化，对身边人、事的反感似乎烟消云散，列夫心平气和地思忖，在高加索的最后一课，自己学到的“不是选择身边的人，而是即使在不好的人身上也看到好的东西”。[①]

1854 年 2 月 2 日，托尔斯泰抵达雅斯纳亚·波良纳，路上只用了两个星期。又回到自小熟悉亲切的环境里，听到亲戚朋友们的消息，托尔斯泰觉得周围的一切井井有条，兴旺发达，而自己却“老了一点，也落伍了一点，但又已经改正得更好了”。他在家接到晋升为准尉的军令，沿着通往西南的大道，经过库尔斯克、波尔塔瓦、基

---

①1854 年 1 月 19 日的日记，《列夫·托尔斯泰文集》第 17 卷，第 50 页。

希讷乌，奔向多瑙河。1854 年 3 月 12 日，托尔斯泰来到布加勒斯特，戈尔恰科夫公爵的司令部正在这里。他奉命前往部队，两个星期后又调回谢尔日普托夫斯基将军的参谋部。虽是战争期间，布加勒斯特的上流社会却没有多少紧张的火药味，托尔斯泰写信给姑姑说，戈尔恰科夫家的两个远房表兄弟带着他“到处闲逛，弹奏乐曲，吃冰淇淋”，上意大利歌剧院和法国戏院看戏，参加舞会和晚宴，过着悠闲的生活，与此同时，前线俄军越过两个公国，开始围攻通往君士坦丁堡的北大门、奥斯曼帝国的要塞城市锡利斯特里亚。

托尔斯泰有一种小说家的天赋，能将自己生活中经历的一切转化为日后写作的素材。在谢尔日普托夫斯基将军参谋部里观察到的懒散气氛，后来被他用在《战争与和平》里，成为 1805 年战役的一部分。同样成为日后创作素材的还有随将军视察锡利斯特里亚阵地的经历。战地参谋部设在多瑙河右岸，先前奥斯曼帝国省长穆斯塔法帕夏的别墅花园里，时当盛夏，馨香的花朵争相开放，将空气染得芬芳怡人。托尔斯泰和其他军官一起从花园里用望远镜观察土耳其人的行动。蔚蓝色的、宽阔的多瑙河平平如镜，缓缓流过，河中散布着大大小小的洲坻，灿烂的阳光下，景色是如此平和美丽，几乎令人不能相信正在进行战争。然而，定睛看去，在多瑙河的另一边，锡利斯特里亚的城镇和碉堡近旁，能见到不同颜色的、小小的身影在那里无声地蠕动，那是俄国和土耳其的士兵。连发的排炮日夜轰鸣，震撼着房间，托尔斯泰躺在床上，手拿怀表，默数发炮的次数——每分钟 110 发，他在家信中向塔吉安娜姑姑汇报说。

在托尔斯泰身处的多瑙河小花园周围，世界史的车轮正在隆隆转动。两个世纪以来，俄国极力向小亚细亚和巴尔干半岛扩张，衰落中的奥斯曼土耳其人则为了挽救垂死的帝国苦苦抵抗，两国几乎每隔 20 年就要交手一次。到了 1853 年战争又一次爆发时，57 岁的尼古拉一世已经掌权 28 年，刚愎自用的沙皇自命为欧洲最伟大的君主，一心想打垮奥斯曼帝国。然而，这时俄国面对的局势却与先前迥然不同，英法两强不愿意坐视俄国吞并整个欧洲东南部，紧张的外交斡旋无效之后，遂于 1854 年 3 月共同向俄国宣战，第 9 次俄土战争演变成了欧洲列强之间激烈斗争的“东方之战”。

尼古拉一世原本以为，即使不得不与英法对

立，自己至少可以得到土耳其几个世纪以来的宿敌——奥地利的支持，但这番如意算盘落空了。对奥斯曼帝国领土也有野心的、年轻的奥地利皇帝约瑟夫从自身利益考虑，决定抛弃和沙皇的传统友谊，站在英法一边，奥地利军队开始在俄军侧后方集结。这样一来，深入多瑙河流域的俄军就孤悬境外，有被切断和包围的危险。1854 年 6 月，俄军在压力下放弃锡利斯特里亚城郊的阵地，退回布加勒斯特，又从那里向俄国撤退。在整个战事期间，托尔斯泰一直在戈尔恰科夫公爵身边默默观察。61 岁的老公爵身材颀长，戴眼镜，喜欢将手背在身后，帽子戴在后脑勺上，说话的样子“活像一只火鸡”，他在火线上泰然自若，心如止水，从不失去镇定和蔼的态度，而同时做出的判断和下达的命令又永远那么清晰、准确。托尔斯泰感到自己看见了一个真正有品格的人，但他不想长期留在公爵身边当随从军官，他想参加战斗，想到战斗最激烈的前线去，而不是继续待在安全的地方无所事事。在布加勒斯特，托尔斯泰向戈尔恰科夫公爵请求离开参谋部——在《战争与和平》第 2 卷第 13 章里，安德烈公爵也向库图佐夫提出了同样的请求。不过，奥地利并不想正面与俄国对抗，撤退的俄罗斯军队没有遭遇战斗，安全返回了国境。由于害怕土耳其军队的报复，成千上万多瑙河流域的斯拉夫族农民随俄军一起撤退，人困马嘶，混乱不堪。托尔斯泰仿效着他钦敬不已的戈尔恰科夫公爵，在行军中不失镇定，仔细观察，他感到个人的命运在历史推动的巨大洪流中是那么飘摇不定，这一感受后来也被写进了《战争与和平》。9 月初，托尔斯泰回到基希讷乌，再次请求调往有战斗的地点，这回得到了批准。

11 月 1 日，托尔斯泰被调往克里米亚的第十四炮兵旅第三轻炮连。途中他匆匆记下最近的战况——在克里米亚已经发生三次战斗，自从俄军撤离多瑙河流域以来，克里米亚半岛上的军港塞瓦斯托波尔成了战争的唯一焦点。英法舰队控制了黑海，封锁了塞瓦斯托波尔港，陆军则在塞瓦斯托波尔的要塞南面登陆并建立了阵地，在几次激烈的接触战之后，双方都不能取得决定性的胜利，战役变成了漫长的围攻。11 月 7 日，托尔斯泰从俄国控制的北部交通线进入塞瓦斯托波尔，他发现城内士气高昂，确信“攻下塞瓦斯托波尔绝无可能”；一个星期后，他出城来到最前方的战壕里，仔细观察双方的情况，这一次，他感到敌人在训练和装备上都优越于俄国，最重要的是，俄国士兵缺乏英法军队那种自觉到身为自由的文明人而产生的自尊，他深感“军队和国家的状况都是可悲的”，断定经历这次战争，“俄国要么必定败亡，要么必定彻底革新”。[①]

从1854年11月到1855年8月底，托尔斯泰在塞瓦斯托波尔服役了10个月。克里米亚战争与高加索的战斗完全不同，它不是小股部队的零星征讨，而是将数十万人卷入其中的大战，拙劣的指挥、组织与后勤使得历史学家将其评价为“近代史上打得最糟的战争”[②]。欧洲在拿破仑败亡后已经40年没有发生过大国之间的战争，绝大多数将领都没有大兵团作战的经验。由于来复枪的应用，士兵们射击的速度与精度早已大大提高，步枪和火炮弹药的杀伤力也早非拿破仑时代所能相比，军官们却依然固守陈旧的战术，让军队排着密集的队列冲锋，成千上万人就这样由于指挥官

①1854年11月23日的日记，《列夫·托尔斯泰文集》第17卷，第58页。

②《新编剑桥世界近代史》第10卷，北京：中国社会科学出版社，1999年版。

的无能而白白牺牲。后勤工作也十分混乱，无论是俄国还是英法都没有做好在塞瓦斯托波尔长期作战的准备，结果是粮食匮乏，疾病横行，伤病员得不到照料。目睹这一切，托尔斯泰感到，战争既展现了人类的勇气与耐力，同时也是形形色色的愚昧和虚荣的舞台。

托尔斯泰到达塞瓦斯托波尔两个星期以后，严寒的冬季降临，阻止了步兵的行动，双方的战斗变成了隔着壕堑的炮击——这种炮战除了毫无军事意义的盲目杀戮之外没有任何目的。托尔斯泰在炮兵参谋部里遇到了自己的朋友阿尔卡季·斯托雷平（后来俄国首相彼得·斯托雷平的父亲）。斯托雷平是戈尔恰科夫公爵的女婿。他们在公爵的支持下着手办一份给普通士兵阅读的战地报纸，办报经费则由托尔斯泰和斯托雷平垫付。由于手头缺钱，托尔斯泰写信回家，托妹夫瓦列里安帮忙卖掉雅斯纳亚·波良纳老宅的建筑材料，总算筹集了报纸开张需要的 1500 卢布。但在收到汇款之前，他已经得到了从圣彼得堡来的消息——对任何报刊都十分警惕的沙皇尼古拉一世看了试刊号之后，驳回了办报的请求。托尔斯泰十分失望，1855 年 1 月 11 日，他写信给涅克拉索夫，详细说明自己对刊物的设想——他并不打算办一份与陆军部的官方报纸《荣军报》公开唱反调的刊物，而是准备办一份能反映普通军官和士兵思想感情的报纸，上面将要登载描写军队生活的小说、传记和歌曲，还要有各种军事科学如战术学、工程学方面的通俗文章。终其一生，托尔斯泰对官方的“机关报”都有着深深的不信任，认为只有真正反映普通人生活需要的报刊才是有价值的。这次夭折了的办报尝试是他初次将这一信念付诸实践。

年迈的尼古拉一世大概根本无暇认真思忖克里米亚的这名年轻军官，他的愚蠢冒险令俄国深陷战争泥淖之中，也让自己濒临绝境，无法脱身。在圣彼得堡悄悄流传着沙皇将要退位的小道消息，尼古拉一世即将成为一百年里被赶下台的第三位沙皇。耻辱迫在眉睫而又似乎无法逃避，1855 年 2 月 18 日，沙皇死了。“感谢上帝！”托尔斯泰写道，“俄国面临着伟大的变革。必须工作，振奋精神，以便参与俄国生活中这些主要的时刻！”[1] 新沙皇亚历山大二世继位，似乎开启了

[1]1855 年 3 月 1 日的日记，《列夫·托尔斯泰文集》第 17 卷，第 60 页。

俄国历史的新时代。满怀着对“伟大变革”的期待，托尔斯泰投入工作，他埋头分析尼古拉一世统治下俄国军队的弊病，提出改革军队的方案。“进展不易，但我不放弃这个想法。”寄予了他大量心血的这个改革方案呈上去之后却石沉大海。托尔斯泰再次感到军队并非自己所属，“越早脱离军界，全力以赴从事文学活动，越好”①。

1855 年 3 月，托尔斯泰开始写《十二月的塞瓦斯托波尔》，还没来得及完成书稿，4 月 1 日，他就接到了调往第四棱堡的命令。随着春天的到来，激烈的攻防战又重新开始，第四棱堡突出在塞瓦斯托波尔防御工事的前端，距离法军阵线不到 100 米，是最危险的地方，在这里每天落下 2000 发炮弹。托尔斯泰在炮火的间隙中写完《十二月的塞瓦斯托波尔》，交给《现代人》发表。这是一篇抒情气氛浓郁的特写。托尔斯泰采用了一种在他的作品中很少见的第二人称“您”的叙述方式，带着读者出现在冬天清晨的塞瓦斯托波尔，乘着小船，渡过海面，停靠在伯爵码头，穿

①1855 年 3 月 11 日的日记，《列夫·托尔斯泰文集》第 17 卷，第 61 页。

过滨海大街上“美丽的城市和肮脏的野营的奇怪的混合物”，来到改为野战医院的议会大厅，从伤员中经过，和他们谈话，因为目睹勇气和苦难而心情沉重，在小饭铺里听水兵和军官们谈天——在他们的谈话里牺牲如此平常，随后，来到前线，艰难地攀上山坡，来到可怕的第四棱堡，因每一声炮响而恐惧，又在每一次炮声过去之后因自己仍然活着而欣喜……最后，时近黄昏，夕阳从浓厚的灰色云层中投出血红的霞光，“您”仿佛站在一个无所不见、无所不闻的高处，塞瓦斯托波尔的海港和要塞在“您”的面前缓缓铺开，如同一幅巨大的、史诗般的画卷，于是，在12月的这一天里，“您”明白，在塞瓦斯托波尔，在无数平凡质朴的生活细节之中，某种庄严的事物正在生成，“您”便和作者，以及塞瓦斯托波尔的全体守卫者们一起得出了一个必然的结论：“在任何地方，想要动摇俄国人民的力量是不可能的。”作品体现了托尔斯泰的爱国感情——不是基于个人的功名心或征服欲，而是一种对于俄国人民的朴素信念。在俄国最困难的时刻，这篇作品重新激起了许多人的信心。

1855年5月15日，托尔斯泰离开第四棱堡，调往驻扎在塞瓦斯托波尔城郊别尔别克的山炮连。传说这是亚历山大二世亲自下的命令（新沙皇曾让人在冬宫朗读《十二月的塞瓦斯托波尔》，并指令将作品译成法文），但更可能是出于戈尔恰科夫公爵的好意。别尔别克虽然也在战区，却在战线后面 20 多公里，十分平静，景色宜人。托尔斯泰完成了在克里米亚的第二篇作品《五月的塞瓦斯托波尔》。在这篇作品里，托尔斯泰不再正面表现崇高的爱国主义，而是写它的反面——涌动在人心中的各种“浅薄、虚荣、健忘的情感”。托尔斯泰用寥寥数笔铺开背景，勾勒出故事的基本线索——俄军击退法军的一次夜袭，重点落在故事展开过程中人物的感受和心理。从司汤达的小说《巴马修道院》里，托尔斯泰学会了摆脱通常战地文学那种全景式的、浮夸而又肤浅的叙述，灵动的笔触穿梭于人物的内心世界和他们在其中活动的局部环境，使得小说具有不可思议的现场感。这些人物——将军的副官加利钦公爵和卡卢金、浅薄的骑兵大尉普拉斯库欣、寒碜的米哈伊洛夫上尉、轻浮的士官生佩斯特男爵，全都没有什么崇高超越的情感，而是懦弱却又虚荣，充满各式各样市侩的欲望——想得到嘉奖、晋升，或仅仅是在别人眼里表现得勇敢、了不起、高人一头。这是战争的另一面，低下的、卑琐的、庸俗的、虚伪的，不应该如此却又处处如此的日常，是托尔斯泰抨击的对象，是他通过作品揭露的事实。

进入夏季，克里米亚战争迅速走向不可避免的结局。1855 年 8 月 4 日，俄国最后的生力军渡过黑河发动进攻，企图打破对塞瓦斯托波尔的围攻，托尔斯泰的山炮连参加了这次战役。这次反击失败后，塞瓦斯托波尔再无援军。8 月 27 日，托尔斯泰来到海湾北部的斯塔尔要塞，在那里他恰好看见 6 万法军正向已被 800 门大炮发出的 15 万发炮弹轰击了三天的马拉霍夫岗发起最后的冲锋——

> 似乎有许多黑点在走下山来，越过山沟，从法军的炮台向棱堡推进。在那些黑点前面，有几条黑带已经逼近我们的防线。在棱堡上，有几处冒起了一团团炮火的白烟，好像在互相追逐。风送来交射的密集枪声，就像雨打在玻璃窗上。那几条黑带正在烟雾中移动，越来越近，射击声越来越大，变成了一片连续不断的滚动着的轰隆声。白烟也

> 越来越多地上升，很快就扩大到整个防线，终于凝聚成为一大片舒卷不定的紫云；紫云里，有几处依稀闪着火光和黑点：一切响声都合成一片滚动着的爆炸声。
>
> “冲过来了！”军官脸色发白，把望远镜递给水兵，说。
>
> ……
>
> “真的，军旗！瞧！瞧！”另一个军官气喘吁吁地说，离开了望远镜，“法国军旗插在马拉霍夫岗上了！”①

马拉霍夫岗是塞瓦斯托波尔的锁钥，英法军队占领了这里，就能够将炮火倾泻到整座城市，俄国再也无法坚持了。当天夜晚，俄军通过渡船和横跨海湾的浮桥撤出南岸的部队，放火烧城，退往北部的高地继续坚守。托尔斯泰负责第五和第六棱堡的撤退，他抬眼望去，只见冲天火焰整晚将夜空照得通明。第二天，也就是托尔斯泰28岁生日当天，英法军队占领了已成废墟的塞瓦斯托波尔。又过了几天，托尔斯泰才从剧烈的情感

---

①[俄]列夫·托尔斯泰，芳信译：《一八五五年八月的塞瓦斯托波尔》，《列夫·托尔斯泰文集》第2卷，第211页。

震动中平缓过来，回忆起自己经历的一切，体验到极度的、不可挽回的痛苦——

> 在大火的映照下，可以看见我军的缓慢地、越来越深地沉入水中的舰船的桅樯。甲板上听不到说话声；从有节奏的破浪和排气声中，可以听见小驳船上的马在打响鼻和跺脚的声音，还听得见船长的发令声和伤员的呻吟声。一整天没吃东西的弗兰格，从衣袋里掏出一块面包嚼起来，可是他突然想起了沃洛佳，便大哭起来……①

一种沉痛的、几乎可以和古希腊戏剧相比的悲剧感笼罩着托尔斯泰关于塞瓦斯托波尔的第三篇，也是最后一篇小说《一八五五年八月的塞瓦斯托波尔》。城市在坚持了 11 个月之后失守，俄国战败的事实就像一个人失去爱人的生命一样不可挽回。城市守卫者心中的人性、个人的顽强努力，遭遇周围世界难以理解也无法预测的、充满敌意的、异己的力量，最终被无情地压倒，就像微小的灯火被黑暗中的狂风吹熄。这是摆脱了一

①《列夫·托尔斯泰文集》第 2 卷，第 216 页。

切虚伪矫饰，用朴素无华的现实笔法写出的悲剧。

4年多时间里，从高加索到克里米亚，从元帅的客厅到前哨的炮位，托尔斯泰亲身经历了战争的各个层面，他对于战争的看法从一种朦胧的观感发展为清晰的观念，即坚信战争的不人道和非正义性，同时也相信即使在这样野蛮的处境中，人性仍然能够闪出单纯美好的光辉，而由于战争本身正是要歪曲人性、扑灭这种闪光，它的不义就更加明确。坚持这种信念，意味着要像俄国同时代的其他许多知识分子一样，与代表着不义的国家机器碰撞。1855年9月，托尔斯泰在驻地收到来信，得知《五月的塞瓦斯托波尔》被检察官删改得不成样子，自己也开始成为“蓝衣党”（宪兵）监视的对象。激愤之下，他打算再不写作。涅克拉索夫从圣彼得堡写来信件，劝他“在并不是任何人都能坚持真理的环境中”更要珍惜自己的才华，让自己“有力量保持深邃而清醒地洞悉真理的才能”，因为“真实，这正是俄国社会目前所需要的东西，自从果戈里逝世之后，它在俄国文学中已所剩无几了”，而“您给我国文学带来的那种真实，是我们目前所见的一种全新的东西。我不知道还有哪一位作家像我正在给他写信的这位作家一样能使人这么热爱自己……”[①]心情平复下来之后，托尔斯泰想，自己无论如何也不要当一个“甜言蜜语的作家”，去写那种“没有思想，主要是没有目的的无聊空话”，文学应该是“唯一的，主要的，压倒一切的”东西，是“我能用自己的作品去行的善”。他决定申请退役，继续文学工作。[②] 屠格涅夫也写信来，建议他尽早离开战场，“您的武器是笔，而不是军刀”。[③] 10 月底，托尔斯泰作为信使被派往圣彼得堡，11 月 21 日，作家来到圣彼得堡，住在屠格涅夫的住所，青年军官的生涯结束了，文学世界在等待着他。

---

①[俄]列夫·托尔斯泰，章其译:《托尔斯泰文学书简》，长沙:湖南人民出版社，1984 年版，第 58 页。

②1855 年 9 月 17 日的日记，《列夫·托尔斯泰文集》第 17 卷，第 63 页。

③1855 年 10 月 3 日的信，《屠格涅夫全集》第 12 卷，第 203 页。

第三章
“现代人”(1855—1857)

托尔斯泰来到圣彼得堡的时候，俄国历史上一个新时代的序幕正在揭开。他在克里米亚战争初期的预感现在成了现实，之前俄国勉强遮掩住的弊病似乎全都突然暴露在光天化日之下。人们意识到，国家不能再这样下去，必须进行革新。然而，往何处去？俄国苦苦寻觅这个问题的答案。几年后，托尔斯泰在一份未完成的小说手稿中回忆道——

> 这时候从四面八方出现了“问题”（因为在一八五六年，每一件发生的事情都弄得人摸不着头脑），问题有士官生学校的，大学校的，审查制的，法院的口讯的，财政的，银行的，警察的，解放的，别的别的；

每一个人还要发现一点新问题，每一个都要去解决它们；他们写，读，谈，做计划，都希望弥补，破坏，改变，所有俄罗斯人像一个人一样地处于一种不可形容的热忱状态之中。①

当时，俄国知识界分成两个派别——西欧派和斯拉夫派。西欧派的前驱是普希金的朋友、激进思想家彼得·雅科夫列维奇·恰达耶夫，他在1836年发表的《哲学书简》里以西欧文明作为对照，尖锐地否定俄国的过去（实际上他认为俄国并没有真正的、有历史意义的“过去”），主张完成彼得大帝刚开了个头的事业——将俄国全盘按照西欧的面貌加以改造。恰达耶夫被官方宣布为疯子，排斥在公众生活之外，他开创的思想潮流却一天天壮大起来。到了尼古拉一世朝代末期，这一派的导师是早逝的别林斯基和流亡国外的赫尔岑，留在俄国国内的人——涅克拉索夫、帕纳耶夫、德鲁日宁、安年科夫还有屠格涅夫，则聚集在圣彼得堡的两份刊物《现代人》和《祖国纪

①[英]艾尔默·莫德，宋蜀碧、徐迟译：《托尔斯泰传》第1卷，第147—148页。

事》周围，通过文学创作和文学评论，绕过严苛的报刊检查制度，表达自己的自由观点。斯拉夫派则以霍米亚科夫、基列耶夫斯基和阿克萨科夫为首，他们的观点正好构成西欧派的反面，在他们看来，俄国的历史进程与西欧截然不同，但这恰好构成优点而不是缺点，俄国的历史本质是其斯拉夫传统——东正教和农村公社，其中包含着的“活生生的”、内在和谐的宗教道德原理，优越于近代西欧文明的理性计算和逻辑分析。正是由于彼得大帝在一百多年前引入西欧文明，歪曲和打断了俄国的传统，才造成俄国如今的所有问题，因此，俄国要做的是回归和发扬自身古老的传统，而不是继续走西欧的错误道路。

西欧派与斯拉夫派指出的方向截然相反，但在俄国亟待改革这一看法上是一致的。克里米亚战争的失败似乎比什么都更有力地证明了这一点。新沙皇亚历山大二世是诗人茹科夫斯基的弟子，有一些人文修养，虽然在当皇太子时并没有表现出什么过人的才干，但他毕竟是新一代人，这时也才 38 岁，年富力强，他将把俄国领向何方？人们激动不安地等待着谜底揭晓。俄国社会就像将要烧开的锅炉一样翻腾着。还没来得及脱下军装，托尔斯泰就被这股骚动的洪流包裹了——“这个星球上的大人物都要结识他，紧握他的手，请他吃饭，再三请他去拜访他们，而且为了要听他叙述战争中的琐碎细节，把他们自己的感觉也都告诉了他。所以，本文作者知道了如何欣赏这伟大而永志不忘的时代……”

回忆中的嘲讽语气，表明了托尔斯泰与这股时代潮流保持着距离。当然，他文学工作的起步与西欧派和《现代人》密不可分——是涅克拉索夫和帕纳耶夫发表了他最初的作品，为他欢呼，鼓励他坚持写作；是屠格涅夫写信要他来圣彼得堡。他们都从托尔斯泰的作品中看到了文学天才和对俄国现实的批判，也希望将他变成自己人。然而，托尔斯泰却很快意识到自己绝不可能完全变成和他们一样的“现代人”。

有一张流传至今的相片，拍摄于 1856 年 2 月 15 日，这是《现代人》作家群的集体照。除了托尔斯泰，相片上的人都是成名已久的文人——小说家冈察洛夫、屠格涅夫、格利戈罗维奇（托尔斯泰在去高加索之前曾深受他的小说《苦命人安东》影响）、批评家德鲁日宁和剧作家奥斯特罗夫斯基，加入这个群体，意味着被正式接纳为俄国“文学圈”的一员。然而，托尔斯泰却显得与相片上的所有其他人都不同——他没有他们那种对一切似乎都有现成答案的、倦怠而放空的神情，也没有那种多少有点儿刻意的优雅姿态，而是抱着胳臂，挺直身体，像一个无意间闯进文学聚会的炮兵军官那样伫立着，目光炯炯，质询地盯着相片外的某个未知的空间，仿佛那里有某种力量正在招引着他。

拍这张相片时，伊万·谢尔盖耶维奇·屠格涅夫年近 40（他和沙皇亚历山大二世同龄，比托尔斯泰年长 10 岁），自从发表《猎人笔记》以来，他被视为普希金和果戈里之后最重要的作家，在文学界处于一言九鼎的地位。从托尔斯泰的创作里，他敏锐地读出了“浓郁而又朴实的诗意，与对任何空头诺言的极度敏感相结合的对真理的伟大的爱，心理分析的惊人力量，还有对大自然的灵敏的感觉，塑造典型的无与伦比的才能”① ——屠格涅夫对托尔斯泰文学成就的极高评价终身未变。托尔斯泰一到圣彼得堡，屠格涅夫便带他去《现代人》编辑部拜访所有人，直到两个多星期

①《屠格涅夫全集》第 11 卷，第 433 页。

以后，在给当时不在圣彼得堡的安年科夫写信时，屠格涅夫还按捺不住自己激动的心情——

巴维尔·瓦西里耶维奇！您不在这里，我们大家都感到扫兴，以后您自己也会后悔的。您想想看，托尔斯泰已在我们这里住了两个多星期。我多么希望你们能相互见面！您还想象不出，这是位多么可敬可亲的出色人物。……我以一种如同慈父般的奇特情感在爱着他。他给我们读了《青年》和另一部小说的前几章。噢！真是绝妙的作品！……[①]

然而，托尔斯泰并不是一个愿意被任何人以慈父般态度对待的人，即使是屠格涅夫。屠格涅夫也开始隐约感到托尔斯泰身上流露出的某种未经驯服的、执拗的、有时不免令人感到畏惧的东西，在同一封信里，屠格涅夫开玩笑地说，自己因此授予托尔斯泰"野人"的称号。这番玩笑后面掩藏着更深刻的分歧。从相识开始，在随后的几年里，两人虽然关系十分紧密，却总是不能成

①1855年12月9日的信，《屠格涅夫全集》第12卷，第206—207页。

为融洽无间的朋友，他们不停争吵，和解，再度争吵而又和好。毕业于圣彼得堡大学语文学专业，在德国古典哲学的圣殿——黑格尔执掌过教席的柏林大学学成归来的屠格涅夫，和蔼可亲，温文尔雅，如同一件质地晶莹而又雕琢得极为精美的玉器，是《现代人》群体中受西欧文化浸润最深的人；或许正是由于这个原因，在他身上集中了托尔斯泰对于西欧派的所有怀疑——也就是屠格涅夫自己也意识到的那种“对任何空头诺言的极度敏感”。涅克拉索夫后来回顾说，使得托尔斯泰始终不能完全融入圣彼得堡作家群体的原因，是“您怀疑我们不真诚”。[①] 托尔斯泰越是接近西欧派，就越是怀疑他们既脱离于俄国人民，也并不真正理解西欧近代文明的本质，因此在他们看似宏伟的思想、言论乃至行为举止中就总是存在着与现实的脱节。这个判断并非没有根据，文学史家米尔斯基就曾经说，屠格涅夫尽管是一位“现实主义”作家，但他从未触及俄国社会的原始真实，而只是这一真实在他意识中的构想。[②]

---

①1857 年 3 月 31 日的信，《托尔斯泰文学书简》，第 75 页。

②［俄］米尔斯基，刘文飞译：《俄国文学史》上卷，北京：人民出版社，2013 年版。

在托尔斯泰看来，西欧派笔下的思想分明背离现实，却又拒绝承认，而是用思想替代现实，认为现实自然会跟上来，这简直是缺乏真诚的表现。而在一切恶德中，托尔斯泰最不能忍受的正是虚伪。他一直觉得同时代的知识分子有某种理智的虚伪，这是他与屠格涅夫争吵不休的原因，也是他对《现代人》群体始终感到某种疏远的原因。作家费特曾经目睹了一次屠格涅夫与托尔斯泰的冲突。先是托尔斯泰挖苦在同时代的作家中很少人称得上有真正的信念，屠格涅夫开始恼怒地为朋友们辩护，这招来了托尔斯泰更峻急的嘲讽——

“我不相信你说的这些论证了什么真正的信念。我站在这房间里，手里拿把刀子，然后我说：‘你敢进来试试！’这才叫作信念。你们这些人算怎么回事，在文字间躲躲闪闪，不敢表露真正的想法，你还把这个当成信念！”

屠格涅夫气得满面通红，用又高又尖的声调嚷道：“那你还和我们待在一起干吗？这里没你的地方！你还不如赶快去哪个公爵夫人家好了！”

“我才不要你来告诉我上谁家去！”托尔斯泰回敬，“而且不管我是在这儿还是在那儿，反正都一样，空话都不会变成真正的信念！”

屠格涅夫后来抱怨过，托尔斯泰有一种怀疑的天性，本能地试图揭穿任何精神活动背后的因素，而当他这样做的时候，那似乎穿透一切的、苛刻的目光——从外祖父老沃尔孔斯基公爵那里继承来的——简直让任何人都难以忍受。但是，托尔斯泰愿意质疑的，也就是他想要检验的，恰恰正是他看重的，而他事实上是特别看重屠格涅夫的。他越是觉得对方了不起，就越是用极高的标准要求对方，越是无法忍受自己从对方身上看到的缺点。到头来，两个人怎么也处不好。等到 1856 年 5 月初屠格涅夫离开圣彼得堡，回自己的庄园小住时，双方似乎都松了一口气。可是不到一个月，托尔斯泰便匆匆追随而去。5 月 31 日，他先赶到玛丽亚妹妹家，起了个大早，走了 3 个小时，去附近的斯巴斯科耶村找屠格涅夫，这次两人谈得很好。看见屠格涅夫从小成长的地方，托尔斯泰感到自己理解了他，也愿意体谅他。两人在草原上一边散步，一边谈了许久，他们看见一匹正在吃草的老马。托尔斯泰情不自禁地开始想象这匹马的心情感受，说得那么生动，屠格涅夫不禁感叹："列夫·尼古拉耶维奇，我相信你之前一定曾经是一匹马！"①

托尔斯泰这次回家，当然不只是为了屠格涅夫。封建俄国的痼疾——农奴制，此时已经到了土崩瓦解的前夜。数十年来，无论是西欧派还是斯拉夫派都公认，这种不把人当人的制度是违背公理正义，绝对不堪忍受的。至于俄国的千百万农奴，他们并不需要知识分子的抽象观念，他们从自己的生活中就知道这种制度是罪恶的，反抗它是正当的。在农奴制废止前的半个多世纪，俄国发生了1400多起农民暴乱，其中仅仅在亚历山大二世在位期间就发生了474起。② 1856年3月，在加冕一周年的典礼上，亚历山大二世对莫斯科的贵族们说，农奴制的问题已经紧急到要么"自上而下地废除农奴制"，要么就只有等待农奴们起来"自下而上地废除我们"的时刻了。这番话顿时传遍全国，沙皇开始被人们称作"解放者"。

早在1847年，在雅斯纳亚·波良纳经营庄园

---

①根据当时的观察和感受，托尔斯泰在20年后写成了小说《霍尔斯托梅尔》。

②[美]梁赞诺夫斯基，杨烨、卿文辉译：《俄罗斯史》，上海：上海人民出版社，2007年版，第340页。

的时候，托尔斯泰便体会到在贵族地主与农民之间既有身份的，也有思想情感的鸿沟。如今这一问题再度令他激动起来。1856 年 4 月 23 日，托尔斯泰拜访了主张废除农奴制的历史学家康斯坦丁·德米特里耶维奇·卡维林，觉得其论证既清晰又公正。他写出在自己庄园里解放农奴的计划提纲，第二天拿给了卡维林看，又根据卡维林提出的意见做了修正。这次回家，他随身带着拟好的文件，准备解决自己和农奴之间的“根本问题”。①

在回雅斯纳亚·波良纳的路上，托尔斯泰在莫斯科略微停留了一下，拜访了他在喀山大学的同学佳科夫。佳科夫的妹妹，亚历山德拉·奥博连斯基公爵夫人，如今是莫斯科的沙龙女主人。在亚历山德拉家，托尔斯泰与斯拉夫派的学者基列耶夫斯基和阿克萨科夫长谈俄国的出路。托尔斯泰承认他们重视东正教和村社是有道理的，因为这确实是俄国现实生活里的重要因素，但他又觉得斯拉夫派眼光狭隘，立场偏颇，最重要的

---

①这个计划的要点是：解除农民对地主的一切义务；将土地按户分配给农民；农民在未来 30 年内支付少量的地价，期满后土地归农民所有。这一计划在框架上类似亚历山大二世后来在全国推动的方案，但比后者宽厚许多。

是，归根结底，东正教作为一种宗教，“表现形式是荒谬的，在历史上是站不住脚的”。[1] 离开莫斯科后，托尔斯泰觉得，和斯拉夫派的来往，就好像和一个外语讲得很差的人交谈会拉低自己的语言水平一样，让他在不知不觉间也变得“迟钝、狭隘而又十分痴愚”了。[2] 在俄国知识界两大阵营的辩论中，托尔斯泰从对立两面都吸取了有价值的因素，但又始终和双方都保持距离。

托尔斯泰觉得目前在雅斯纳亚·波良纳解放农奴是头等大事，于是他直奔回家。5 月 28 日，他将自己的方案提交给村社大会。起初，计划仿佛进展顺利。托尔斯泰敏锐地观察到，农民们愿意接受他的提议，并不是因为相信地主的善意，而是都把他看作精明的生意人，认为从这个计划里双方都能获利。身份对立带来的感情鸿沟根本无法逾越。不到一个星期，托尔斯泰便从村长那里听说，农民中流传着一个谣言，说沙皇很快要宣布无偿解放全体农奴（当时这种谣言很多）。

①1856 年 5 月 8 日的日记，《列夫·托尔斯泰文集》第 17 卷，第 66 页。

②1857 年 1 月 20 日的信，《列夫·托尔斯泰文集》第 16 卷，第 50 页。

农民们怀疑伯爵想抢先用合同欺骗他们，这样一来，事情当然就进行不下去了。托尔斯泰又坚持了几天，6 月 7 日晚上，他和农民们商谈，被农民们的固执弄得火冒三丈，好不容易才控制住自己。计划放弃后，托尔斯泰平静下来，将感受写进了《一个地主的早晨》。这篇小说自从他去高加索之后，他就一直想写，如今又加上了新的经验和思索。本来，他不仅想写地主与农民之间的隔阂，还想写出消除隔阂的方法，写出一种解决了对立的幸福生活，现在他承认自己并没有找到这种方法。小说的主人公——年轻的涅赫柳多夫公爵善良、充满理想精神，但在与农民的接触中却处处碰见无形的障壁，他的一切尝试化为泡影。小说生动地刻画了这种苦恼，随即戛然而止。

在这一年里，除了《一个地主的早晨》，托尔斯泰还写完了《暴风雪》《两个骠骑兵》《一个被贬谪的军官》，以及三部曲的最后一部《青年》。他 30 岁前的人生经验，通过写作源源不断地转换为文学，与此同时，新的体验正在涌来。这次回家，托尔斯泰结识了邻居家的女儿瓦列里娅·弗拉基米罗夫娜·阿尔谢尼耶娃，之后的半年时间里，托尔斯泰反复自问：“我爱她吗?”

像所有受到吸引但并没有一见钟情的人一样，托尔斯泰心里充满相互矛盾的念头。他觉得瓦列里娅有时迷人，有时却又很难看；更重要的是为人，托尔斯泰发现，“苏达科沃村的小女孩”的性格中有纯朴天真的、可爱的地方，但也时常令人感到空虚、肤浅、无知，从中产生出一种“像冰一样冷”的东西。我们熟悉的那种托尔斯泰式的习惯——越是和谁亲近，就越是严格地审视对方，审视自己内心关于对方的感受——在他与瓦列里娅的关系里依然存在。他意识到自己和这名少女越来越亲密，在认真地考虑结婚了（周围的人也认为他到了该结婚的时候），但那种自省的声音却又总是在提醒他，有什么地方不对，错了，不应如此。他深觉自己懦弱，为此竟生起自己的气来。11 月 1 日，托尔斯泰去莫斯科，又从那里去圣彼得堡，他想在远一点儿的地方弄清楚发生的是什么。11 月 9 日，他写信给瓦列里娅，承认“我不知道至今您给我的是什么，是精神痛苦还是精神享受”。又过了一个月，托尔斯泰告诉瓦列里娅，自己认为婚姻和爱是基于共同信念的心灵的结合，不是“吻一吻手”，而是“以对方的思想检查自己的思想，思索在一起，感受在一起”。[1] 他意识到自己和瓦列里娅之间的深刻分歧是，她“把生活看作享受快乐”，而他则“把生活看作劳动，并认为其中确有高尚欢欣的时刻”，但同时他又模模糊糊地期待二人之间的距离是可以缩短、消除的。然而，这种意愿显然不能代替现实。12 月中旬，两人分手。托尔斯泰感到难以忍受的悲哀，同时却又在自己身上体会到一种如释重负的感觉。他终于确定自己体验到的，不管曾经是多么强烈，并不是爱情。两年之后，托尔斯泰根据这段经历写成了小说《家庭幸福》。在这篇小说里，托尔斯泰既描写了年轻少女明媚的纯朴，写了恋人间激烈的情感波澜，也给出了自己冷静的结论——这种纯朴实际上是从对于生活的无知中产生出来的，也就无法经受现实的考验，只有摆脱、超越这种强烈的情感，才有可能得到幸福。

离开雅斯纳亚·波良纳的乡村，托尔斯泰回到文学世界之中，他这一年里写的作品，特别是《一个地主的早晨》，仍然得到很高的评价（屠格

①1856 年 12 月 7 日的信，《列夫·托尔斯泰文集》第 16 卷，第 47 页。

涅夫也从国外写信给德鲁日宁，称赞小说“无比的伟大”)。在圣彼得堡，他参加文学界的活动，听音乐会，大量阅读，另一方面，他在给二哥谢尔盖的信里坦率地说，“虽然我由衷爱戴这些文学界朋友，如博特金、安年科夫和德鲁日宁，但所有的高深谈话我已觉厌烦……”① 从去年起，他便打算出国，去亲眼看看那个西欧派推崇备至的“欧洲”。如今一切准备都已做好。他办好了从军队正式退伍的手续，和《现代人》签订了为期四年的供稿协议，筹到了必需的路费。1857 年 1 月 29 日，托尔斯泰坐上了西去的驿车，一路上飞雪茫茫，道路边的树林都成了高高的雪堆。托尔斯泰在大雪中艰难跋涉了一千多公里，总算抵达华沙，在那里改乘火车，一路前往巴黎——屠格涅夫和涅克拉索夫正在那里等他。2 月 9 日，穿过烟雾腾腾、车水马龙的巴黎北门，托尔斯泰来到了法国首都。

屠格涅夫是 1856 年 7 月出国的，他先在巴黎附近的库尔塔弗涅尔庄园盘桓了几天，随后迁居

①1857 年 1 月 2 日的信,《列夫·托尔斯泰文集》第 16 卷,第 48 页。

巴黎，在塞纳河边的里沃利大街206号住下。通过信件（屠格涅夫是一个特别擅长写信的人），他与俄国国内的文学界保持着密切的联系。遥远的距离似乎改善了他和托尔斯泰的关系，他们往来的信件里不再有冲口而出的伤人话，而是回响着亲切而平静的语调。到了巴黎之后，托尔斯泰住在屠格涅夫的房子里。阔气惯了的屠格涅夫租的房子位置极好，在巴黎的心脏位置，从这里往西走几步便到了罗浮宫和杜伊勒里花园，再穿过协和广场，是富丽堂皇的香榭丽舍大街，凯旋门的巨大弧线在远处遥遥可见；往东走，则是新桥和巴黎大堂，再折向南，可以走到西堤岛上的巴黎圣母院。在这个宏伟的城市里，可看的东西很多，屠格涅夫整天带着托尔斯泰出门，他们去看了罗浮宫、凡尔赛宫和枫丹白露，出席音乐学院的四重奏表演，上剧院看著名悲剧演员里斯托里的戏，到法兰西学院和巴黎大学听讲座，结识其他也在巴黎的俄国侨民——其中有托尔斯泰母亲那边的远亲、迷人的德鲁别茨科伊公爵夫人。屠格涅夫觉得自己对托尔斯泰的教育颇为顺利，他心满意足地给在圣彼得堡的博特金写信报道说——

> 托尔斯泰现在这里，正睁大眼睛默默观看着一切。他变得聪明多了。……不过，老实说，望着他，我心里感到高兴，因为他是我国文学唯一的希望。[①]

托尔斯泰也给博特金写信，他来到巴黎快两个月了，这是一个能给人许多教益的城市，托尔斯泰感到哪里都不像巴黎这样既让他了解自己的无知，又让他相信自己的无知是可以克服的，“所以，仅仅为了这一点我在这里便能生活得满意而幸福”“还无法预料什么时候我会对这座城市失去兴趣，对这里的生活不再迷恋”。[②] 这封信写了一半被打断了。第二天接着写的时候，托尔斯泰的心情变得完全不同。原来他早上和屠格涅夫一起去看了行刑。法国当时还没有废除死刑，犯人在广场上公开处决。托尔斯泰在战争中看见过许多人惨烈地死去，但像法国那样，用断头

①1857 年 2 月 17 日的信,《屠格涅夫全集》第 12 卷,第 289 页。

②1857 年 3 月 24 日到 25 日的信,《列夫·托尔斯泰文集》第 16 卷,第 54 页。

台——一台精密的、毫无人性气息的机器——处死一个人，让他和屠格涅夫都深受震撼。屠格涅夫勉强控制住自己，观察到无论是刽子手、警察还是围观的民众，所有人都极力装出一副与此无关的样子。托尔斯泰感受到的震动更为强烈，他心绪大坏，久久难以入眠，剩下的信也写得颠三倒四。他觉得自己目睹了极度的虚伪。他在自己翻腾的内心里检点——道德和宗教，引人向上；艺术，有法度的艺术，给人以幸福；而政治，人类的集体生活，他从中只看到特别的无耻和邪恶，让人感到窒息；托尔斯泰发誓此生再也不为任何地方的任何当局服务。20年后，他还是忘不了这件事——

> 死刑的景象动摇了我对进步的迷信。当我看到一个人身首异处，分别掉落在棺材里，我就理解到——不是用理智，而是用整个身心理解到，任何一种关于存在的一切都是合理的理论和进步的理论，都不能为这一行为辩解，即使世界上所有的人，根据创始以来的任何一种理论，认为这是需要的，那么我也知道，这并不需要，这很不好。因此，能评判什么是好、什么是需要的，不是人们的言论和行

为，也不是进步，而是我自己的心。①

对法国和法国人，他也终于克制不住反感了。几年以后，他通过在《战争与和平》里塑造的法国军官吐露了自己并不很公正的厌恶——轻浮，堕落，只知肉体享乐，外表堂皇体面，内在却毫无真正的高尚情操。3 月 27 日，托尔斯泰急不可耐地逃离巴黎，途中给屠格涅夫写信时，他还是忘不了对巴黎的憎厌，斥之为罪恶之都，人在那里只会被慢慢活埋，就像满是淤泥浊水的河流掩埋河底的石子一样，“请看在上帝的面上，您也离开吧，随便到哪里去……说真话，您乘四轮驿车或者走路到乡下去宿一宵，在那儿痛快地哭一场，您就会知道那时将会多么美好……”②屠格涅夫只得承认，巴黎纵有辉煌的古迹和时尚的街道，但真的根本不合托尔斯泰的心意，其实他自己也觉得周围的法国人里没有一个“讨人喜欢的、出色的人物”，而净是“冷漠、狭隘、平淡、低劣”——这些形容词说的是当时法国的头

①[俄]列夫·托尔斯泰，冯增义译：《忏悔录》，《列夫·托尔斯泰文集》第 15 卷，第 11 页。

②1857 年 3 月 28 日的信，《托尔斯泰文学书简》，第 157 页。

号作家梅里美。说到底，屠格涅夫终究是最能了解托尔斯泰的人。在给安年科夫的信里，屠格涅夫抱怨托尔斯泰一走了之，留下自己形单影只，但又深刻地断定，列夫·托尔斯泰，这个“古怪的人”，是他从来没见过也难以理解的人——

> 你分不清他是诗人还是清教徒，是宗教狂还是少爷，倒有点儿像卢梭，但却比卢梭更可敬，品德更高尚，同时又更不讨人喜欢……①

像一百年前的卢梭那样，比起巴黎，托尔斯泰更喜欢民风淳朴的瑞士，他如今就是要去那里。离开巴黎让他神清气爽，夜晚他乘坐马车去日内瓦，只见一轮圆月高挂，万物跃入眼帘，全都放射着无尽光华，“好似置身盛宴之上”，托尔斯泰想，自己已经很久没有像此刻这样，“感谢上帝给了我生命”。②

在日内瓦稍微停留了一下，托尔斯泰便去往瑞士沃州的克拉朗，在一个小山村住下，周围的

---

①1857 年 4 月 3 日的信,《屠格涅夫全集》第 12 卷,第 295 页。

②1857 年 3 月 27 日(公历 4 月 8 日)的日记,《列夫·托尔斯泰文集》第 17 卷,第 77 页。

一切令他想起卢梭的小说《新爱洛依丝》。天气和暖，身边是蔚蓝色的莱芒湖和瑞士的群山，到了黄昏时分，阳光变得愈加温和，推开百叶窗，只见远山的倒影映在湖中，与湛蓝的湖水几乎不可分辨。他许多次庆幸自已离开了巴黎，在这里度过春天。托尔斯泰在克拉朗住了两个月，写了《哥萨克》的一部分，他不断放下笔，出门远足。瑞士的风景之美令他大为惊叹，但他同时又觉得，这是一种了无人烟的、荒凉寒冷的美，是高高耸入云雾间的美，而他更喜欢的是俄罗斯的美——草原上空气灼热，包裹着人；湿润的草叶，你一坐下便起了皱，连绵着，重叠着，形成无边无际的青色；远远的天边是深蓝色的树林，当你走近的时候，飘拂的叶子将影子投在你的脸上；人像是在呼吸着天空；而与此同时，亿万只草虫在身边低鸣，飞舞，打旋，四周有鸟儿在歌唱……正像一个地道的俄国人，无论在哪里，他始终想起俄国。

进入夏天，托尔斯泰往南方去，在都灵见到了德鲁日宁和博特金。他们一起参观画廊，去咖啡馆，比起法国，他更喜欢意大利——年轻，自由。归途中，托尔斯泰一路步行，越过圣伯纳山口，回到瑞士的伯尔尼，又从那里去卢塞恩。

到达的第二天，托尔斯泰去访问一位朋友，返回旅馆时已经入夜。他在陌生的、空荡荡的街道上走着，天色阴沉，月光时隐时现，湖水一动不动，只有几点零星的灯火，偶尔传来蛙啼和鹌鹑的鸣声。在一片黑暗中，托尔斯泰听见从旅馆的方向传来乐声和歌声。走得近时，他看见一小群人围成半圆，弧形的中心是一个抱着吉他、正在唱歌的人，这是一名游唱歌手。歌声极其美妙，几乎不像是从这个矮小的、寒酸的身体里发出来的。歌手唱了三支民歌，每一曲终了，都胆怯地向围观的人请求打赏，每一次，衣冠楚楚的人群里都没有谁出来给他一个铜板。托尔斯泰怒不可遏，追上歌手，将他领进旅馆的餐厅，请他坐在自己的桌子上，为他点了饭菜和香槟。整个晚上，29 岁的托尔斯泰心中燃烧着对人群的愤恨，想要跟所有人吵架，好像受到欺侮的不是那位歌手，而是自己。深夜，送走歌手，托尔斯泰回到房间，心情仍然无法平复——

我望望窗外，窗外既黑暗，又破碎，又光明。死亦无憾！

我的上帝！我的上帝！我怎么啦？要走

向何方？现在又在哪里呢？[①]

在此后10天里，托尔斯泰搁下手边别的作品，一口气写成小说《卢塞恩》。他不仅要记下刚刚发生的事，还要弄清楚心中的思想。他先前在巴黎体会到的对西欧社会的不满，与最近的心情融合在一起，令这篇小说的结尾部分变成了愤激的抗辩。托尔斯泰打破自己先前在小说文体上的一切自我约束，决心在“优雅妩媚的东西”之外，还要讲新的、“有道理的话”。他以滔滔的雄辩揭开文明的表层，控诉这表层下的不公，认定在西欧的进步之上还有更崇高、更值得追求的事物。托尔斯泰并没有因此转向斯拉夫派，但这次西欧之行坚定了他的信念——那里并不是俄国的理想未来。

---

①1857年6月25日（公历7月7日）的日记，《列夫·托尔斯泰文集》第17卷，第78页。

第四章

沉寂（1857—1862）

离开瑞士后，托尔斯泰取道德国，经过温泉胜地巴登、德累斯顿和柏林，7月底渡海回到圣彼得堡。他这次出国本来有疗养的打算，结果在国外他的身体变得更糟。屠格涅夫早就提醒过他，他的病痛多半是自己内心激动的结果。回到圣彼得堡的朋友们身边，又见到俄国的蓝天和缀满晨露的桦树，他的身体有所好转。1857年8月8日，托尔斯泰骑马回雅斯纳亚·波良纳。10个月未见，家乡丝毫未变。在路上，托尔斯泰见到农民无故挨打想出面阻止，陪同的村长却告诉他只有塞钱贿赂当事人才会有效果。回到家的几天里，他先看见一个小办事员把7岁大的农家孩子打得死去活来，只因为那孩子无意间碰了一下办事员的背；又看到另一个官吏——当地的专员，每发一份护照都要索取一车干草作为好处；还有附近的地主，为了找乐子就让自己的农民喝得大醉……“荒谬、严峻而欺诈的现实”仿佛又从四面八方将托尔斯泰团团包围。西欧之行毕竟有另外一面的教育作用，让他亲眼看到在一个较少俄国现实中那些粗野行为的社会里人们如何生活。“俄罗斯令人厌恶！”他回忆起普希金的诗句——

祝福你，荒远僻野的一角，
闲适，工作和寄兴的所在，
是在这里，我的日子悄悄流去了，
沉湎于快乐和遗忘的襟怀。
……
我是你的：我爱这一座花园，
幽深、清凉，各样的野花开遍，
我爱这广阔的绿野，洋溢着禾堆的清香，
一些明澈的小溪在树丛里潺潺喧响。
……
然而，一个阴沉的思想却令人不宁。
在富庶的田野和丘陵间，
谁关心人类的命运能不悲悯地看见

到处是愚昧的令人疼心的情景……[①]

托尔斯泰打定主意，不再梦想不可能实现的计划，要将自己的活动局限在力所能及的范围内：首先是文学工作，其次是对亲人的义务，最后是经营庄园。他提醒自己不要沉湎于“自由派的虚荣心”“要求自己每天做一件好事，就行了”[②]。他只打算从雅斯纳亚·波良纳的收入中留下2000卢布给自己，其余的用在农民身上。然而他很快发现，哪怕只是想“日行一善”，在俄国也是那么困难。雅斯纳亚·波良纳的村长瓦西里·贾布列夫熟知伯爵的“老爷脾气”，对他的一切计划都应之以狡猾的鄙视。家业各方面情形都不好，非整顿不行，但托尔斯泰又不想回到农奴制的旧轨道上去。他索性着手解放自己的农奴，心想即使无人感激，毕竟做了正确的事，可以让人们眼下的处境有所改善，至于“将来如

---

①[俄]普希金，查良铮译：《普希金抒情诗选》上卷，第303—304页。

②1857年8月8日的日记，《列夫·托尔斯泰文集》第17卷，第79页。

何，只有上帝知道”！[①] 也许，不是一个人应该按照自己的需要把生活处理得妥妥帖帖，反而是应该破坏自己，把自己弄得柔软起来，以便适应任何生活……？他闷闷不乐地给塔吉安娜姑姑写信报告归来后的见闻：在圣彼得堡和莫斯科他看到人们呼吁、激动、愤慨，期待生活大的转变，而在乡间，这些都毫无踪迹，满目只有“祖国的野蛮、巧取豪夺和专横霸道”。幸好，不管在哪里都还有艺术，还有文学。托尔斯泰安排在庄园里种满 9000 株枞树、赤松和落叶松，把自己与平原上灼热的大风和夏日尘土隔开，时不时地，他一个人关在房间里弹贝多芬，读荷马的《伊利亚特》，写满一页又一页纸然后撕掉。

10 月里，托尔斯泰离开雅斯纳亚·波良纳，去莫斯科住在玛丽亚妹妹家里。刚回来不到 3 个月，他又想走了。屠格涅夫正在罗马，要不要去找他呢？也许可以和妹妹一家同行，明年开春就走，先去意大利，再去西欧？除了日常生活的烦恼，俄国文学界的潮流变化也令他感到闷气。在

---

①1857 年 8 月 26 日的日记，《列夫·托尔斯泰文集》第 17 卷，第 80 页。

日渐高涨的改革呼声中，文学的“精致”“美”和“艺术性”似乎全都一下子变成了陈腐的老套，现在得到最多喝彩的是直接表达具体政治观点的问题文学。托尔斯泰写信给与屠格涅夫一起在意大利的博特金，语含不屑地报道说，讽刺小说作家谢德林有一次郑重其事地告诉他，“优美文学”已经过时，以后永远不会有人需要荷马或歌德了——“这一切当然可笑，可是，如果全世界忽然都向你证实天空是黑色的，而你看见的天空却是蔚蓝色的，你会失去理智……”①

虽然反对把政治置于文学之上，但托尔斯泰并不是艺术至上论者。屠格涅夫曾经想说服他，“文学家应当只做文学家”，如今托尔斯泰重提昔日的争论，还是表示，把文学作为全部，“这不是我的本性”“我们的文学、诗歌，如果不是不合理的，也是不正常的现象，因此将全部生活建于其上自然也是不合理的”。屠格涅夫总是能迅速体察托尔斯泰身上某种让他偏离文学的因素，他立刻从罗马写来回信——

---

①1857 年 11 月 1 日的信，《列夫·托尔斯泰文集》第 16 卷，第 62 页。

您来信说，感到满意的是，没有听我的劝告，没有只当文学家。我不想争辩，您可能是对的；只是我，抱歉得很，怎么也揣度不出，如果您不是文学家，那究竟是什么样的人呢？是军官？是地主？哲学家？某个新宗教的创始人？官吏？请领我走出迷津，请说说这些猜测中哪一种是对的。

除了这些包含着深刻洞察的、朋友间的玩笑话，屠格涅夫还写了自己对托尔斯泰的郑重劝告："您不善于轻松愉快地生活！您在各方面都要求完满和明确，而且希望全都能立即做到。您不断探索自己与人们的关系和本人的感受，这都会妨碍您平静而轻松地过日子……可是您现在最需要的是安静而有兴致地工作。"①

托尔斯泰一生都没有能做到像屠格涅夫说的那样"轻松愉快地生活"，但他当然也不会像屠格涅夫担心的那样"毁掉他的天才"②。他知道自

①1857年11月25日的信，《屠格涅夫全集》第12卷，第308页。

②1857年12月1日的信，《屠格涅夫全集》第12卷，第313页。

己“有可写的，也有力量写好”。[1] 收到屠格涅夫来信时他刚刚完成中篇小说《阿尔贝特》。小说的素材来自1857年初，他出国前遇到的小提琴手乔治·基泽韦特——才华横溢的演奏家和作曲家，不可救药的酒徒。托尔斯泰向他学习音乐，试图把他从自杀式的酗酒中拉出来——无济于事！基泽韦特忍受不了有规律的生活，从托尔斯泰家里出走，从此音讯全无。在《阿尔贝特》中，托尔斯泰描写了音乐在听众心中唤醒的神秘力量——

> 这些人从原来所处的无聊的心情、热闹的消遣和心灵的沉睡中，不知不觉地突然被带到了一个他们早已忘却了的完全不同的世界。……小提琴的最初的音响就把杰列索夫带回到了他的少年时代。他——一个已经不年轻、对生活感到疲倦、疲惫不堪的人——突然觉得自己是17岁，对自己的漂亮感到得意，有些傻，并没意识到自己的幸福。他想起了对穿玫瑰色连衣裙的表妹的初恋，想起

①1857年10月30日的日记，《列夫·托尔斯泰文集》第17卷，第81页。

了在菩提树的林荫小道上第一次爱情的表白，想起了那次偶然接吻的热烈和不可理解的魅力，想起了当时在他周围的大自然的神妙和令人莫测的神秘。他回忆往事，她便在模糊的希望、不可理解的欲求，以及对于不可能的幸福的可能实现的确定不移的信念的迷雾之中，放出异彩。所有当时不知珍惜的瞬间，接踵出现在他的面前，但这不是转瞬即逝的、现在的没有意义的瞬间，而是停留下来，不断扩大和带有谴责的过去的形象。他怀着喜悦的心情玩味着这些形象，他哭了……①

乐师矮小的体态、难看的罗圈腿、褴褛的衣着、全身散发着的寒酸卑微，在演奏中似乎全都消失了——“他那开阔的前额和他那环视室内的明亮的眼神，闪耀着骄傲、庄严和意识到自己的威力”。这是一个在自己的天职里忘记了“自己、别人和整个世界”的人。直到小说结尾，乐师因为无法忍受酗酒的欲望，从试图拯救他的杰列索夫（托尔斯泰的化身）家里逃出去，几乎冻僵在

①[俄]列夫·托尔斯泰，芳信译：《阿尔贝特》，《列夫·托尔斯泰文集》第3卷，第30—32页。

圣彼得堡严寒的雪夜里，一个声音，仿佛是神的话语，依然在耳边告诉他："你是一个最优秀和最幸福的人！"

在托尔斯泰的文学生涯里，有一种基本的写作模式——某段生活经历，某个遇到的人物或场景，在过去许久之后，陡然转化为写作的冲动，将昔日的记忆代入当前的思绪，催生出灵感勃发的作品。写《阿尔贝特》时也是如此，青少年时代曾经聆听的钢琴曲，跟随基泽韦特学习时熟悉的小提琴演奏，卢塞恩的歌声，夏天在雅斯纳亚·波良纳独自弹奏的贝多芬……这一切体验都在《阿尔贝特》中表现了出来。音乐，通过托尔斯泰笔下极具浪漫主义风格的描写，被树立在人类精神世界的顶峰，是崇高艺术的象征；与此同时，艺术和艺术家存在于其间的环境，平庸、渺小、充斥着无聊琐事与卑劣欲望的日常生活，也被以现实主义的手法刻画出来，与前者形成尖锐的对比。艺术成了人类精神的避难所，而人越是能领略艺术的崇高，就越是难以忍受庸俗的生活现实，越是要逃入艺术的庇护之中。这是此时托尔斯泰为自己找到的信念，也是《阿尔贝特》的主题。可想而知，在当时圣彼得堡的文学潮流中，这样的立场被视为不够进步，并不受欢迎。涅克拉索夫读了小说第一章的手稿，直言自己不喜欢这部作品，也不准备在《现代人》上刊登。托尔斯泰回信说，他决不放弃“那个被大家报废的倒霉乐师”。修改后，小说终于在1858年8月发表。

同时代人对政治的狂热让托尔斯泰越来越反感。1858年1月19日，托尔斯泰在莫斯科寓所和国家派的历史学家奇切林长谈，谈话极不愉快。托尔斯泰在日记中吐露：“整个哲学都是生活和诗歌的敌人。越是公正，越是一般化，也越冷酷；越是虚假，就越是动听。我一千次对自己说，我不是个政治人。”[①] 几天以后，托尔斯泰坦率地告诉涅克拉索夫，他不满《现代人》越来越强的教诲倾向——不仅改变了多年来的传统，把政论文章安排在文学作品前面，而且在刊登的文学内容里也“处处撒满政治胡椒”[②]。虽然与涅克拉索夫和帕纳耶夫的私谊并未立即断绝，托尔斯泰与他们的合作却走到了尽头。1858年以后，托

①《列夫·托尔斯泰文集》第17卷，第56页。

②1858年1月21日的信，《列夫·托尔斯泰文集》第16卷，第65页。

尔斯泰再也没有在《现代人》上发表过作品。他一度想和年轻的朋友费特合作，自己办一个纯粹文学的杂志——类似于德鲁日宁的《读者文库》，但也没有实现。写完《阿尔贝特》，他的文学创作似乎停滞下来，除了完成早就在酝酿的《家庭幸福》和短篇《三死》，很长时间里，托尔斯泰没有发表什么作品。他需要停顿下来，整理自己的思想，发掘新的源泉。

漫长的、折磨人的俄国冬季终于过去了。1858 年 4 月 9 日，托尔斯泰离开莫斯科回庄园。一出城，他便感到春日已临，心情也愉快起来。直到夏末，托尔斯泰都待在庄园里。他白天忙着庄园的事，夜晚在房间里弹钢琴。某个夜晚，他的琴声（海顿的一首奏鸣曲）竟招来夜莺和金丝雀在窗台上啁啾，令他感到意外的喜悦。他尽可能不写什么东西，连日记也记得七零八落。秋天，托尔斯泰参加了家乡的贵族大会。这次大会是遵照亚历山大二世的谕旨召开的，议题是讨论解放农奴并把地主的土地分配给农民的方案，许多人平日里表现得自由开明，一到涉及切身利益时却露出自私的嘴脸，让托尔斯泰颇为鄙夷。他在少数派发表的解放农奴声明上签了字，成了

"本县的敌人"——悉听尊便！托尔斯泰在日记里写道："想工作。我 30 岁了。"[①] 屠格涅夫劝他当一个"有专长的人"。冬天，他又去了莫斯科，文学仍然不在考虑之中。"我的想法是，在得到普遍的、有两年是有节制的赞扬，并且几乎坐上'第一把交椅'这种最令人艳羡的条件下开始文学生涯后，我可不想领教徒有其表的文学了，谢天谢地！应该悄悄地、平心静气地写，不以发表为目的。"[②] 他在小纸条上写下自己的思绪，不给任何人看，悄悄烧掉。

这一年年底，托尔斯泰和尼古拉哥哥一起去莫斯科附近朋友的庄园打猎。12 月 22 日那天，他们每人拿着两支装好弹药的火枪，在齐胸深的雪地里围住一片树林——一头母熊正藏身在里面。猎人们的号子惊动了熊，它从树丛间突然蹿出来，看见手里拿着枪的猎人，急忙转身逃走——恰好是托尔斯泰站着的方向。十多年之后，托尔斯泰写起当时的情景，依然记忆犹新——

①1858 年 9 月 4 日的日记，《列夫·托尔斯泰文集》第 17 卷，第 84 页。

②1858 年 12 月 7 日至 13 日的日记，《列夫·托尔斯泰文集》第 17 卷，第 85 页。

只见它沿着密林间的小路飞快地向我奔来，显然是吓昏了头。当它离我五步远的时候，我清楚地看见了它黑黑的胸膛、巨大的头颅、棕黄色的毛。它径直朝我奔来，把雪粉撒向四面八方。……我端起枪，射击，它却离我更近了。[①]

托尔斯泰放的第一枪失了准头，他的第二枪打中了那头熊，却没有将它打倒。母熊向托尔斯泰直冲过来，将他掀倒在雪里，张口咬他的头。托尔斯泰感到熊将自己死死压住，它的两排獠牙正从他的额头上面和眼眶下方合紧，咬进来，仿佛无数小刀子正在切他的脸。他尽力挣扎，松脱了一点儿，但紧接着又被更牢地咬住。一个念头从他心里闪过："我就要死了。"正在这时，他感到身体突然被松开了，熊丢下他，逃进了树林里。托尔斯泰勉强立起身来，看见雪地上满是鲜血。他只得放弃围猎，回莫斯科去找医生，幸而他的体魄足够强壮，伤口没过多久便愈合了，只在他脸上留下一个终身的疤痕。

---

①[俄]列夫·托尔斯泰，陈馥译:《心甘情愿》，引自《列夫·托尔斯泰文集》第 12 卷，第 170 页。

比起身体上的创伤，思想停滞的苦闷更令他烦恼。在1859年一整年里，他练习体操，和农民一起下地干活，身体越来越结实，对经营庄园也越来越拿手，“只需要工作和忘怀，忘掉什么呢？没有什么可忘的。忘掉我还活着”。但他却仍然时常觉得自己可悲：“今年我的心对一切都如死灰一般。连伤感的情绪也没有。”① 如同他自己在小说中塑造的那些人物——《战争与和平》里的安德烈公爵、《安娜·卡列宁娜》里的列文一样，他试图通过埋头工作来忘掉自己的苦恼；也像列文一样，亲身从事农业劳动时体会到的快乐，是他这时能生活下去的主要因素。在《安娜·卡列宁娜》第三部里，托尔斯泰描写了这种劳动——

> 浸透全身的汗水使他感到凉爽，而那炙灼着他的背、他的头和袒露到肘节的手臂的太阳给予他的劳动以精力和韧性；那种简直忘怀自己在做什么的无意识状态的瞬间，现在是越来越频繁了。镰刀自动地刈割着。这是幸福的瞬间。……

---

①1859年5月9日的日记，《列夫·托尔斯泰文集》第17卷，第86页。

> 列文割得越久，他就越是频繁地感觉到那种忘我状态的瞬间，好像不是他的手在挥动镰刀，而是镰刀自动在刈割，变成充满生命和自我意识的肉体，而且，好像施了魔法一样，不用想工作，工作竟自会有条不紊地圆满完成。这是最幸福的瞬间。[①]

当托尔斯泰试着在雅斯纳亚·波良纳的田间地头“忘掉自己”时，俄国文学界却并没有忘记他。朋友们，德鲁日宁、费特，当然还有屠格涅夫，一再写来信件，呼吁他不要浪费自己的才华。他们认为，一个如此有天赋的人居然埋头种地而放弃文学，这是俄国不能容忍的损失。其实，在这些日子里，托尔斯泰并没有断绝与文学的联系。他继续订阅各种杂志，对文学界的动向十分了解。这一时期他写的信件里时常谈起当时俄国作家们的最新创作——冈察洛夫的小说《奥勃洛莫夫》、屠格涅夫的《前夜》和奥斯特罗夫斯基的《大雷雨》。他对文学越来越有自己明确的观点，但他仍然不愿写作。

---

①[俄]列夫·托尔斯泰，周扬、谢素台译:《安娜·卡列宁娜》上册，《列夫·托尔斯泰文集》第9卷，第303页。

为什么不写？这个问题对于托尔斯泰来说应该反过来问：为什么写？他意识到，对于自己来说，文学创作终究是一种道德活动，而道德要回答的是人应该如何生活。生活永远是第一位的。与那些有了某个抽象观念或者教条就可以写作的作家不同，托尔斯泰的诚实要求他必须亲身尝试过、检验过某种生活，体验过其中全部的心理可能，经过严格的自省形成判断，然后才可能将之化为文学。他过往的作品都是这种体验的产物，而这一次，作家的本能告诉他，要继续等待，动笔的时刻还没有到来。1859 年 10 月，托尔斯泰写信给德鲁日宁，谢绝后者约稿的邀请——

> 我已经不写作，自从写完《家庭幸福》之后一直没有写，大概也不会再写了。为什么这样？说来话长，也难以讲清。主要是生命短促，偌大年纪再将生命浪费在我所写的那种小说上，觉得惭愧。可以，应该，而且愿意干点儿实事。在三十一岁上还写那种招人喜欢、读来可心的小说，说实在的，难以提笔……①

---

①1859 年 10 月 9 日的信，《列夫·托尔斯泰文集》第 16 卷，第 69 页。

托尔斯泰信里说的“实事”，除了改善雅斯纳亚·波良纳的农业状况，还要在当地为农民子弟办一所学校，“教玛尔法和塔拉斯们学会哪怕一点点我们的知识”。[①] 他觉得，在教育工作中没有他在文学活动中已经开始体会到的那种虚伪——明明自己也对生活感到茫然，却要摆出一副先知先觉的神气，教导别人怎么生活。[②] 雅斯纳亚·波良纳的学校1859年秋天开办，到了次年春天，已经招收了50多名学生。列夫·托尔斯泰伯爵亲自上讲台担任教师，教农民的孩子算术题：“假如我给你5个面包卷，你吃了1个，还剩几个？”[③] 这是俄国历史上从来没有过的学校。托尔斯泰写信给自己的朋友叶戈尔·彼得罗维奇·科瓦列夫斯基[④]，告诉他学校的进展和自己的计划——他想成立“国民教育协会”，请科瓦列夫斯基帮助试探政府的态度。协会虽没能办成，但

---

①1860年2月23日的信，《列夫·托尔斯泰文集》第16卷，第71页。

②《列夫·托尔斯泰文集》第15卷，第12页。

③这是作家尼古拉·瓦西里耶维奇·乌斯宾斯基目睹的场景，参见艾尔默·莫德《托尔斯泰传》第1卷，第257页。

④地理学家和作家，当时俄国的国民教育大臣叶甫格拉夫·彼得罗维奇·科瓦列夫斯基的弟弟。

托尔斯泰已经决心献身于这项新事业。他意识到自己在教育学方面的素养不足，而在俄国也看不到任何可以取法的对象，准备出国去看看德国和法国的国民教育。大哥尼古拉退伍后，肺病越来越严重，正在德国的索登疗养，他这次也要去看望一下。

1860年7月2日，托尔斯泰和玛丽亚妹妹一家从圣彼得堡坐船往德国去。两天后，他们在什切青下船，随后去柏林、莱比锡、德累斯顿、基辛根。一路行来，德国的学校并没给他留下什么好印象，教学只是死记硬背，孩子们被体罚吓得战战兢兢、麻木不仁。[①] 反倒是手工业协会为工人办的夜校让他觉得如沐春风——在那里的课堂上，学生可以自由提问，也可以发表和教师不同的见解。更有意义的是他去拜见了德国作家贝托尔特·奥尔巴赫，托尔斯泰第一次遇到一个在教育观念上和自己完全一致的人，“一道阳光忽然闪现在我面前”。他们都认为，在教学中真正重要的不是教师，而是学生，教师只是帮助学生完

---

①1860年7月17日的日记，《列夫·托尔斯泰文集》第17卷，第89页。

成自我教育而已。

因为尼古拉病势的恶化，托尔斯泰突然中断了在德国的考察。南德整天下着秋雨，潮湿而寒冷，他们决定去地中海岸边，那里有蓝天和阳光。1860 年 8 月 24 日，列夫、尼古拉和玛丽亚在法国南部的耶尔住下，尼古拉的病毫无好转的迹象，所有人，包括他自己都明白，最后的、临终的时刻即将到来。9 月 20 日，尼古拉一整天都躺在病榻上，一动不动，突然，他苏醒过来，在极度恐惧中睁大眼睛，嗫嚅道："那是什么？"随后，他死了。

这不是成年后的列夫·托尔斯泰初次经历家人的死亡。就在 4 年多以前，三哥德米特里已在奥廖尔去世。然而，这是第一次，面对一个如此亲近的人的离开，托尔斯泰逼问自己："为了什么？"——为什么要活着？活着又为什么要死去？死后去了哪里？哪里也不去吗？整整一个月，托尔斯泰什么也做不了。正像每次内心困惑的时候那样，他试图写作，强迫自己写，但写不下去，他没法让自己觉得正在做的事有什么意义。这次恢复回来用了他很长时间，而尼古拉临死时最后的疑问"那是什么"则一直留在他心里。

心灵的痛苦缓解后，托尔斯泰继续未完成的考察。马赛的小学给了他和在德国时留下的同样的恶劣印象——同样囫囵吞枣、不切实际，同样死气沉沉。法国的小学生能背出很多位数字的乘法，可是没背过的简单加减法却会算错，人文学科也是这样，托尔斯泰问一个孩子历史课本以外的问题："刺杀亨利四世的凶手是谁?"得到的回答竟是"凯撒大帝"![①] 他确信从西欧的教育制度中学不到什么有益的东西，决心从自己的生活里寻找答案。

从马赛，托尔斯泰匆匆游历了地中海沿岸，然后去巴黎见屠格涅夫。屠格涅夫介绍他去伦敦见在那里流亡的自由派首领赫尔岑，1861 年 2 月 19 日，托尔斯泰从伦敦动身回国。恰好在同一天，沙皇在圣彼得堡签署了人民等待已久的解放农奴法令，俄国历史上一个新的时代开始了。4 月 12 日，托尔斯泰回到俄国。他健康、快乐，第二次西欧之行坚定了他走自己道路的想法，文学创作的冲动也复活了。在国外时，他告诉屠格涅夫和赫尔岑自己正在着手写一部长篇小说，以流放归来的老十二月党人为主人公，两个人都很赞

①亨利四世是法国波旁王朝的第一代国王，凯撒大帝则是古罗马帝国的开创者，两人相隔 1600 年。

成，屠格涅夫给他写作上的建议，赫尔岑则帮助他搜集十二月党人的历史材料。托尔斯泰动笔写了几章，他的笔力依然强健如昔，但对于后面怎么写，他还没有想好。

5 月里，屠格涅夫从斯巴斯科耶写来便笺，说他也从国外回来了，随身还带回了刚完成的小说《父与子》，还问托尔斯泰要不要来，他们可以打猎，散步，讨论文学，再一起去附近费特的庄园斯捷潘诺夫卡村拜访。托尔斯泰一接到信就来到了斯巴斯科耶，几个小时过去了，两人都觉得从没有聊得这样欢快。晚饭后，屠格涅夫把托尔斯泰领到客厅里，塞给他《父与子》的手稿。托尔斯泰一页页翻下去，他吃惊地发现自己非但一点儿也不喜欢，简直是厌恶这部作品——既空洞又装腔作势，但又不敢承认。他勉强读着，不知不觉间竟沉沉睡去，猛然惊醒时恰好看见屠格涅夫从房间里一声不吭走开的背影。

第二天起床，两人都绝口不提昨晚的事。他们客客气气地去费特的庄子做客。当天安然无事地过去了。隔天早上，8 点多钟，大家起来吃早饭。费特夫人打听起屠格涅夫的女儿波林娜，这个女儿是在法国长大的，屠格涅夫特别满意她的教育，称赞起自己请的英国女教师来。这位女教师要求在波林娜每个月的生活费里专门留下一笔用作慈善，还要她亲手为穷人缝补衣服。听到这些，托尔斯泰情不自禁地说——

“依我看，一个女孩子自己打扮得漂漂亮亮，却又拿着穷人的破衣烂衫摊在膝盖上，这是十足的虚伪，是演假戏!”

屠格涅夫满面通红，反问道:“那照你说，我教孩子的方式完全是错了?”

“我这么说，就是因为我这么觉得。”托尔斯泰答道。

屠格涅夫大吼一声，从桌边一跃而起，气呼呼地冲出房间。过了一会儿，他勉强控制住自己，走回来道歉自己的失态——向费特夫妇，不是向托尔斯泰。他和托尔斯泰几乎闹到要拼个你死我活的地步。当天两人便分头离开斯捷潘诺夫卡。这一天是 1861 年 5 月 27 日。

托尔斯泰和屠格涅夫对于文学、人生和社会的观点都极不相同，气质上也不投契，因此，在他们的来往中，争吵是经常的事，但却从来没有到这么严重的程度。两位作家的决裂震惊了俄国文学界，而最为之感到难受的恰恰是两位当事人自己。

争吵之后快一个月了，托尔斯泰才在日记里记下这件事——他仍然认为自己有理，“吵得好!”但又不禁想，“以后我会忍不住原谅他的……”[①] 又过了几个月，在莫斯科，他还想着这事：“关于屠格涅夫我说过的话不错。我已经想写信请求他原谅了，可不知为什么还没有写。有许多事情要做。我要抓住他不放。”[②] 第二天他就提笔写信向在巴黎的屠格涅夫道歉，并请求原谅。这封信在路上耽搁了三个月才到。屠格涅夫一收到信，便写信给费特，他看得更明白些，自己和托尔斯泰永远也没法合得来。屠格涅夫要费特转告托尔斯泰，自己宁愿远远地尊敬托尔斯泰，关心他，爱他，但两人不应该再见面。这之后的许多年里，两人依然热忱地阅读对方的作品，通过共同的朋友知晓对方的近况，但他们之间直接的交往就这么断绝了，直到 17 年后才又见面。

在 1861 年剩下的时间里，托尔斯泰继续开办雅斯纳亚·波良纳学校，同时根据学校的经验出

---

①1861 年 6 月 25 日的日记，《列夫·托尔斯泰文集》第 17 卷，第 93 页。

②1861 年 9 月 22 日的日记，《列夫·托尔斯泰文集》第 17 卷，第 93 页。

版教育杂志《雅斯纳亚·波良纳》。他不理会流行的教育学说，不强求形式上的纪律和秩序，坚持教育的唯一目标是发展人的天性。附近的农民很快都来请求他，让他们的孩子在雅斯纳亚·波良纳上学，或者帮助在他们的村子里开办学校。到了 1862 年，雅斯纳亚·波良纳周围已经有了 12 所农民学校，都以托尔斯泰办的这所为模范。40 年后，托尔斯泰回顾说，这是自己一生里真正快乐的一段时光。

1862 年春天，繁忙的工作终于让托尔斯泰精疲力竭，他怀疑自己像两个哥哥那样染上了肺痨——在 19 世纪这是不治之症。5 月里，他暂时放下一切事务，到伏尔加河东面，萨马拉大草原上疗养。他不在的时候家里却出了事。不知由于哪个密探的告密，当局怀疑在雅斯纳亚·波良纳有反对沙皇的密谋活动。7 月 6 日，一队宪兵开到庄园，搜查了农户们两天，到处东寻西看，连主人只写给自己看的日记也翻出来一页页检查。托尔斯泰深感自己遭到了侮辱，他想幸好搜查期间自己不在庄园，否则也许会拿枪打他们。1862 年 8 月 22 日，他去莫斯科，向沙皇呈上一份措辞严厉的抗议信，要求政府公开道歉。这自然是不可能的，托尔斯泰只收到官僚部门层层转来的一条消息，说陛下并未怀疑托尔斯泰伯爵对朝廷的忠诚，对伯爵受到的打扰表示关怀。[①]

这次来莫斯科，托尔斯泰即将迎来一生中最重要的转折时刻，但他起初却没有意识到这一点。呈上给沙皇的信后，第二天晚上，写日记时，他领悟到自己心里出现了某种热烈的东西，一种让他辗转反侧的情感——他爱上了一个少女，她将会是他未来48年的伴侣。

---

①1862年8月22日的信，《列夫·托尔斯泰文集》第16卷，第84页。

第五章

和平（1862—1869）

莫斯科的别尔斯一家是托尔斯泰多年来熟悉的朋友。家长安德烈·叶夫斯塔菲耶维奇·别尔斯是当时俄国医学界的著名人物，一位知识渊博、医术精湛的专家。他不是门第悠久的大贵族。一百年前，叶丽扎维塔女皇统治俄罗斯的时候，曾从普鲁士的腓特烈大帝那里请来四名军官帮助训练俄国军队，其中一位军官留在了俄国，他便是别尔斯家的祖先。到了安德烈·叶夫斯塔菲耶维奇这一代，已经完全融入了俄罗斯的生活，他受命担任沙皇宫廷的御医，在克里姆林宫里有一套自己的住所。别尔斯夫人，娘家姓伊什连耶夫的柳芭娃·亚历山大罗夫娜，是玛丽亚·托尔斯泰的闺中密友。托尔斯泰和她结识得更早些，小时候就在家里见过她的父亲，社交界著名的浪荡公子亚历山大·米哈伊洛维奇·伊什连耶夫，并把后者写进了《童年》。从高加索和塞瓦斯托波尔回来以后，由于玛丽亚妹妹的关系，他与别尔斯家更亲密了。这家人性格开朗，喜欢热闹，克里姆林宫的住所虽然狭小局促，却总是高朋满座。在冬天的夜晚，别尔斯家按照莫斯科的古老习惯，在临街的窗台上点燃一支蜡烛，作为今晚有聚会、欢迎宾客们来临的信号；天气转暖后则去乡间，在波克罗夫斯科耶的别墅里过夏，或去朋友们的庄园拜访。托尔斯泰喜欢别尔斯家明朗而欢快的生活气氛，一年前，他感到别尔斯家的大女儿叶丽扎维塔在注意自己，但却犹豫不决，不知是否应该向她求婚。小名“丽莎”的叶丽扎维塔对哲学、数学和文学都有很深的了解，思想缜密、清晰而实际，托尔斯泰曾经想请她帮助编辑雅斯纳亚·波良纳学校的教育杂志，可是他最终意识到自己对她并没有强烈的情感，事情也就静悄悄地过去了。

伊什连耶夫家的庄园在雅斯纳亚·波良纳附近。8 月初，柳芭娃·亚历山大罗夫娜带着女儿们回娘家小住，顺道来托尔斯泰家做客。她们在草地上野餐，在灌木丛中采摘马林果，坐着马车在高大的松树下漫游，正值夏天割完草之后，新鲜青草的芳香随着清风阵阵拂来。托尔斯泰说起之前对庄园的搜查，依然气愤难平，他想不惜一切代价去公开抗议，卖掉产业，住到国外去，永远离开俄罗斯——“在这个国家，无论什么时候，无论是谁，都没法预料会有什么样的命运突然落在自己头上！”少女们温柔耐心的劝解渐渐让他平静下来。别尔斯家走后，托尔斯泰赶去莫斯科，每天从城里步行10多公里去波克罗夫斯科耶，夜里再赶回城，或者就留在别尔斯家的别墅里过夜。安德烈·叶夫斯塔菲耶维奇和柳芭娃·亚历山大罗夫娜，还有莫斯科的许多亲友，都在暗暗猜测，这一次他会开口向丽莎求婚，然而，“命运却另有安排”。

爱，对于托尔斯泰来说，是人生中最美好的事，是与另一个心意相通的人朝夕相处，建立起永久的共同生活，从而得到幸福的事。在《一个地主的早晨》里，他憧憬着——

> 于是青年人的想象力为他描绘出一个更加迷人的前程：“我和我的妻子——我爱她的程度是世间任何一个人从来没有达到的——永远生活在这宁静、诗意的乡野，同孩子

们，也许还有老姑妈，在一起。我们彼此相爱，爱孩子。我们两人都知道，我们的使命是行善。我们互相帮助，向这个目标走去。我做出总的安排，提供一般的、公平的资助，兴办农场、储蓄所、作坊；她呢，有一个可爱的小脑袋，穿一件朴素的白连衣裙，并且将裙子提起在秀气的小脚之上，踩着泥泞，步行到农民学校，到医院，到不幸的、按理说不配得到帮助的农民家里去，处处去安慰人，帮助人……”①

那是 1847 年，他刚刚继承家业，从喀山回到雅斯纳亚·波良纳，开始认真考虑结婚，想象着那个未来的“她”。从那时起，整整 15 年过去了，列夫·托尔斯泰遇见了许多女子，也认真考虑过许多次：“这是‘她’吗?”对美好姻缘的期待越是强烈，他就越是羞怯、腼腆、顾虑重重。6 年前，他几乎和瓦列里娅订婚，这段经历让他更怀疑自己能否迈进婚姻。他嘲笑自己“谁也不爱”——“竟然对生活已经如此疲倦，变得这么

①[俄]列夫·托尔斯泰，陈馥译:《一个地主的早晨》,《列夫·托尔斯泰文集》第 2 卷，第 390 页。

老啦!”如今，心中突然荡漾起的波澜令他惊异不已，在莫斯科的夏夜里，他记下纷乱的思绪：“我担心这也是对爱情的渴望，而不是爱情。我尽力只看她的缺点，可还是有那个念头……”①

托尔斯泰满怀激情爱上的是索菲娅·安德烈耶夫娜·别尔斯，丽莎的妹妹，别尔斯家的二女儿。“索涅奇卡”② 不像丽莎那样饱览群书，也不像姐姐那样遇事冷静，她与托尔斯泰一样，都有点儿急性子，心情来得快过去得也快，但她待人温柔体贴，对生活充满向往；她还有一点与托尔斯泰相同——习惯在日记里审视自己，吐露心声。正是这个习惯曾经让她的父亲有一次若有深思地叹息道：“索涅奇卡永远不会完全幸福。”托尔斯泰觉得索菲娅身上“丝毫没有别人身上一向都有的那种程式化的诗意和讨人喜欢的东西，但是却不可抗拒地吸引着我”。③

在1862年的夏末，列夫·托尔斯泰与索菲娅

---

①1862年8月23日的日记,《列夫·托尔斯泰文集》第17卷,第94页。

②“索涅奇卡”是索菲娅的小名。

③1862年9月8日的日记,《列夫·托尔斯泰文集》第17卷,第97页。

的心灵迅速变得亲近，仿佛有一种神秘的力量，让两个人时时刻刻都只想着对方，想着对方会怎么看待、理解自己，其实，这种神秘的力量正是生长着的爱情。索菲娅给托尔斯泰读她自己写的小说——里面有一个人物，某某“杜布利茨基公爵”，此人其貌不扬，对事物的看法也“变化无常”，与小说女主人公的姐姐订了婚。托尔斯泰一眼看出这个人物写的正是自己。他觉得索菲娅准确地抓住了自己的缺点，并为之烦恼不已，他随之醒悟过来，明白索菲娅最担心的是他和丽莎的关系。他们用彼此才懂得的方式交谈——写下句子里每个单词的首字母，让对方猜出这句话，再用同样的方式进行回答。用这种方式，托尔斯泰告诉索菲娅，他并不像人们想的那样是丽莎的追求者。后来，托尔斯泰在《安娜·卡列宁娜》里将这种谈话方式给了列文和基蒂——

> 基蒂手里拿着粉笔，带着羞怯的幸福的微笑仰脸望着列文，而他的优美的身躯俯向桌子，热情的眼睛一会儿紧盯在桌上，一会儿又紧盯着她。……好久，他没有探索出她所写的字母的意义，频频地望着她的眼睛。他幸福得头昏眼花，怎样也填不出她所写的

字；但是在她那洋溢着幸福的魅人的眼睛里，他看出了他所要知道的一切。于是他写了三个字母，但是他还没有写完，她就从他手的动作上读了这些字母，亲手写完了那句子，并且写下了回答："是。"①

两个人的心灵越是接近，托尔斯泰便越是感受到爱情动人心魄的威力，他发现自己像 16 岁时那样幻想着生活，整夜无法入眠，只想着索菲娅，想着自己似乎近在眼前的幸福。一个悲观的声音在他耳边轻轻说，也许这次依然只是幻想——"你就别想结婚啦！你的使命不在此。"② 也许，就像自己这几年来想的那样，"修道院、劳动才是你的事，站在那个高度上你才可以平静而又快乐地观看别人的恋爱和幸福"。像是要反抗自己这么多年的失望，他记下这句话，又紧接着写道："这不真实。"他知道自己希望索菲娅在身边，希

①《安娜·卡列宁娜》上册，《列夫·托尔斯泰文集》第 9 卷，第 474—475 页。

②1862 年 8 月 28 日的日记，《列夫·托尔斯泰文集》第 17 卷，第 95 页。

望向她吐露心声。[1]“我恋爱了，虽然从前不相信这是可能的。……就算我是杜布利茨基吧，但爱情使我变得美好。”[2]

9 月 13 日的夜间，托尔斯泰给索菲娅写信，他灵动流畅的文笔似乎消失了，他一次又一次重新起草，总觉得词不达意。到了第二天凌晨他才写完信——在信里他倾诉了自己感到的一切，并向索菲娅求婚。他感到，一个人的生活即将结束，“不久我就不会再有属于一个人的秘密，而是属于两个人的”。[3] 过了几天，他去别尔斯家，把信交给正激动不安地等待着的“她”，“索菲娅·安德烈耶夫娜，我已经无法忍受了。三个星期以来，我每天都说：现在我要把一切都讲出来。可是我怀着同样的苦恼、后悔、恐惧和幸福的心情离开。每天晚上，如同现在一样，我逐一回顾过去的情景，我痛苦，为什么我没有说？我怎么说？

①1862 年 9 月 7 日的日记,《列夫·托尔斯泰文集》第 17 卷,第 96 页。

②1862 年 9 月 12 日的日记,《列夫·托尔斯泰文集》第 17 卷,第 98 页。

③1862 年 9 月 15 日的日记,《列夫·托尔斯泰文集》第 17 卷,第 99 页。

我能说什么？……您是否愿意做我的妻子？如果出于真心实意，您可以勇敢地说：‘是。’如果您心里有一丝疑虑，您就说：‘不。’”① 索菲娅读到这里，“好像长了翅膀”，飞奔回母亲的房间，托尔斯泰正默默地站着，等着回答。 “她回答是。”② ——

> 他除了她那双明亮、诚实的眼睛，那双由于洋溢着像他心中怀着的同样爱情的惊喜交集的眼睛以外，再也没有看见别的什么了。那双眼睛越来越近地闪烁着，以爱情的光辉使他目眩。③

婚礼定在一星期后举行。香槟，亲友们笑意盈盈的祝福，四处采办的嫁妆和婚礼服装……日子像风一样匆忙而去。到了婚礼那天，1862 年 9 月 23 日，按照习俗，新郎应当先到教堂，再从那

---

①[俄]托尔斯泰娅等，冯连驸等译：《列·尼·托尔斯泰的结婚》，《同时代人回忆托尔斯泰》上册，第 239 页。

②1862 年 9 月 16 日的日记，《列夫·托尔斯泰文集》第 17 卷，第 99 页。

③《安娜·卡列宁娜》上册，《列夫·托尔斯泰文集》第 9 卷，第 481 页。

里请伴郎前去迎接新娘。正在这节骨眼上却出了件小事故，托尔斯泰的仆人早早将蜜月时的行李打包好送到新娘家，却忘记留下一件新郎当天要穿的白衬衫。时值假日，街上的商店都已关门，托尔斯泰只得派人赶往别尔斯家取衬衫。托尔斯泰在寓所里苦恼地等待，一想到这场耽搁会让索菲娅多么焦急，他便心如火焚。这件小事后来也被写进了《安娜·卡列宁娜》。

暮霭深沉时，总算传来了新郎已到教堂的消息。强忍眼泪的别尔斯夫人用圣像给女儿祝福，将她送往克里姆林的圣诞教堂。虽然教堂就在边上，他们却似乎走了很久。终于，透过涟涟泪水，索菲娅看见了托尔斯泰，他正站在教堂的石阶上等着自己的新娘。两人都激动万分——

> “这难道是真的吗？”列文转过脸去望他的新娘。稍稍俯视着，他瞥见了她的侧面，从她的嘴唇和睫毛的几乎觉察不出的颤动，他知道她感觉到他的目光。她没有转过脸来，但是那齐到她的淡红色小耳朵的、高高的镶着褶边的领子，微微地颤动着。他看出来她的胸膛里压抑着叹息，那只拿着蜡烛的戴了长手套的小手颤抖着。

> 因为衬衣、迟到而发生的一切纷扰，亲友们的议论，他们的不快，他的可笑处境——全都突然消失了，他的心里觉得又欢喜又害怕。[①]

托尔斯泰发自内心地感到，自己先前对于爱、对于婚姻生活的一切理解都是幼稚的、孩子气的，而从此时此刻起，他才将真正地过这种生活，从而真正理解它。他小心翼翼地吻妻子的嘴唇，挽着她的手，一起步出教堂，“他不相信，他不能够相信这是真的。直到他们的惊异而羞怯的眼光相遇的时候他才相信了，因为他感到他们已经成为一体了”。[②]

列夫和索菲娅乘马车回到雅斯纳亚·波良纳，谢尔盖哥哥和塔吉安娜姑姑在大门口迎接，遵照古老的风俗，哥哥手里拿着欢迎客人的面包和盐，姑姑则捧着用来祝福的圣像。第二天清早，大路上传来歌声，是邻近的村妇们来给伯爵夫妇道喜。她们将一对用鲜艳的彩带装饰起来的

---

①《安娜·卡列宁娜》下册，《列夫·托尔斯泰文集》第10卷，第538页。

②《安娜·卡列宁娜》下册，《列夫·托尔斯泰文集》第10卷，第546页。

公鸡和母鸡献给伯爵夫人，索菲娅羞得面颊绯红，手足无措。日子一天天过去，慢慢地，她熟悉了雅斯纳亚·波良纳的家务，吩咐仆人，收拾什物，打理房间，抄写托尔斯泰的手稿，在每一封信的末尾工工整整地签上“索菲娅·托尔斯泰娅伯爵夫人”。婚后10个月，长子谢尔盖出生，又过一年，家中添了大女儿，取名塔吉安娜。

托尔斯泰沉浸在幸福中。爱，这就是从一个人，唯一的那个人那里获得意义，听见“她”的轻声细语，知晓自己的生命从此和这一个“她”永恒地联结在一起——他曾经怀疑这是否是可能的，而如今这正是围绕着他周遭的现实，与他过往的一切经验迥然不同的，新奇的，难以置信的，无比珍贵的现实。他充满了对生活的渴望，也重新获得了写作的激情。离开高加索10年后，他终于写定了小说《哥萨克》，交给《俄国导报》发表。在长久的沉寂之后，这部宣告托尔斯泰“回归”的小说立刻激起了欢呼的声浪。屠格涅夫在巴黎焦急地等待着这一期《俄国导报》从国内寄来，终于拿到杂志后他一口气读完，欣喜若狂，急忙拿给当时也在巴黎的博特金看。下一期《俄国导报》上又刊登了托尔斯泰的另一个中篇小说《波利库什卡》。“了不起，真是了不起！”屠格涅夫写道，托尔斯泰挥洒素材的笔力令他惊异不已，“那些描写！简直冷透了脊梁骨……这位伟大天才的能力让我感到惊奇”。[①]

虽然友谊破裂，在面对托尔斯泰的小说时，屠格涅夫依然能做出精准的判断。《波利库什卡》是托尔斯泰创作中一部标志性的作品。小说的情节取自托尔斯泰观察到的俄国农村生活：庄园女主人打算拯救整天喝得醉醺醺的农民波利库什卡，不但不送他去服兵役[②]，而且委托他去收一笔巨款，然而女主人的善心却以悲剧收场——波利库什卡被使命带来的骄傲感冲昏了头脑，在路上弄丢了钱包后，竟上吊自杀。10 多年来在乡间的观察，使托尔斯泰成为当时最熟悉农民生活的俄国作家，小说中的每个形象都异常生动，栩栩如生。托尔斯泰首次尝试不再将自己化身为小说中的某个角色，也极为克制地使用他十分擅长的心理描写，而是从外部视角，仅仅依靠动作和语言描写来推动情节发展和表达主题。这一手法后

①1864 年 1 月 25 日的信，《屠格涅夫全集》第 12 卷，第 386 页。

②当时地主有决定送哪个农民去当兵的权力。俄国军队普通士兵的待遇极其恶劣，因此兵役几乎相当于苦役。

来在他的几部长篇小说中得到了更充分的运用。

开始写作 10 年后，托尔斯泰感到自己写作时不再像过去那样需要依靠某段特定的经历，而是能够更自由地创造——“没有情节，也就是说，没有什么非写不可的，但我又觉得，任何情节我都写得出来。”这意味着他将要写更复杂、更宏伟的作品。“我很久没有过这样强烈的写作愿望了！”[1] 曾经对屠格涅夫与赫尔岑提起过的、创作关于十二月党人的长篇小说的念头重新萦绕在托尔斯泰心中。儿子出生后，整个秋天，托尔斯泰埋头准备写作。“我现在一心一意写作，边写边思考，我还从来不曾这样认真地写作和思考过。”[2]

在最初的计划里，托尔斯泰本来只想写一部篇幅不长的作品，通过一个流放多年后从西伯利亚回来的老十二月党人描绘同时代的俄国。随着构思的深入，他逐步转向更久远的往昔，从 1856

---

①1863 年 1 月 23 日的日记，《列夫·托尔斯泰文集》第 17 卷，第 101 页。

②1863 年 10 月 17 日的信，转引自亚历山德拉·托尔斯泰娅，戴启篁等译：《天地有正义》上册，长沙：湖南文学出版社，1992 年版，第 274 页。

年追溯到十二月党人起义的1825年，再到主人公的青年时代，伟大卫国战争的1812年。他最终意识到，自己要写的不是一个人物，而是整个俄国人民——那段历史中真正的英雄。“于是，我从1856年回溯到1805年，这时我决意已不是让一个人物，而是让我的许许多多男女人物经历1805、1807、1812、1825和1856年的历史事件……”① 中篇小说《十二月党人》就这样成了《战争与和平》。

他一次次开头，又一次次用艺术家的严格标准无情地丢弃自己写的东西。1805—1812年的历史在他的心目中越来越清晰，由此产生的创作冲动，将心中的思绪化为纸上明确、具体形象的需要，也就越来越强烈。托尔斯泰意识到自己正在着手一部前所未有的巨著，他承受着创作的折磨——想把自己所认识到和所感觉到的一切全都写出来，但又知道这是不可能的。时而，他感到写下的内容全不足取，觉得即使是长篇小说的形式比起心中自然而然产生的“庄严、深邃而全面的内容”也依然过于简单、过于平庸；他既不想

①[俄]列夫·托尔斯泰，尹锡康译：《战争与和平》序言初稿，《列夫·托尔斯泰文集》第14卷，第13页。

拘泥于历史文献，写得死气沉沉，但又感到自己对于历史和人的深刻理解，一旦化为虚构的形象和画面，就变得片面而肤浅了；他担心这样一来自己最后写出的“既非长篇小说，又非中篇小说；既非叙事诗，又非历史”。但他知道，“永远不会有人能够说出我所要说的……因为生活的某些方面对于别人来说毫无意义，只有我一个人，由于我的文化修养和性格上的特点，才认为是重要的”，他下定决心，抛开一切疑惧，写下去，写出来，“只写我必须说出的东西，而不去关心这样做会有什么结果，也不求给我的工作以什么名称”①。

1812 年卫国战争是俄国历史上最伟大的业绩之一。亲友们听说托尔斯泰在写“一部讲 1812 年的长篇小说”，无不感到欣喜。岳父安德烈·叶夫斯塔菲耶维奇来信夸奖女婿选了一个“高尚的题材”，并动手为他搜集资料。托尔斯泰却敏锐地察觉到妻子对于他重新燃起这样巨大的写作热情心怀疑虑——索菲娅担心文学会将丈夫长时间从自己身边夺走，为此心绪不宁，但又决心毫无

①《战争与和平》草稿，《列夫·托尔斯泰文集》第 14 卷，第 10—11 页。

保留地支持丈夫的工作。托尔斯泰反复掂量，他不能“放弃爱情、思想、人民活动的整个大的境界，去换取家庭的温暖——除了对自己的家庭以外对一切都怀着私心的境界”，“选择早已做出。文学、艺术、教育、家庭。不能贯彻始终、胆怯、慵懒、软弱，这些才是我的敌人”[①]。他沉浸在紧张的写作中，阅读亚历山大一世时期的文件、报刊、书信，通读历史著作和当时的人物回忆录，构思人物和情节——常常用只有自己看得懂的寥寥数语，许多次，他尝试着描绘出一个场景，写出三四章，随后又搁置下来。最终他确定了故事的开场和主要人物，写作也变得流畅起来，到了1864年秋天时，小说已经写成了20多章。正在这时却发生了意外，托尔斯泰出门时被一匹不习惯载人的小马驹摔下马背，他在田埂上躺了许久才苏醒过来，天地间仿佛突然空无一人，他听见一个声音说：“我是作家。”随即意识到那正是他自己在喃喃低语。

　　这次意外让托尔斯泰的一条胳膊脱臼，锁骨

①1863年8月5日和10月6日的日记，《列夫·托尔斯泰文集》第17卷，第105—106页。

也折断了，他强忍剧痛回到家里，请图拉的医生来诊治，动手术后骨头却一直没有长好，推拿和按摩也都不见效，只得第二次动手术。1864 年 11 月到 12 月，托尔斯泰在莫斯科岳父家住了 3 个星期，之前他还从来没有和索菲娅分离这么久。托尔斯泰天天写信回雅斯纳亚·波良纳，把今天的信交给邮差带走后，就等着索菲娅的回信——“大家都想跟我要信去看，我舍不得给他们。信写得太好了，他们不会懂……就像一曲好音乐，又快活，又惆怅，又舒心。”[①] 索菲娅在信里讲家里每天发生的大小事儿，托尔斯泰则告诉妻子娘家人的情况，还有自己在莫斯科的活动——动手术，翻阅亚历山大一世时期的宫廷档案，与文学界的朋友会面。他与《俄国导报》的编者卡特科夫和柳比莫夫谈妥，在他们的杂志上发表已经写成的 28 章——取名为《1805 年》。交出手稿后，他却感到怅然。托尔斯泰习惯于反复修改文章直到最后一刻。索菲娅每晚为他誊清的手稿，没过多久就又被修改得难以辨认。如今小说即将面

---

①1864 年 11 月 27 日的信，《列夫·托尔斯泰文集》第 16 卷，第 85 页。

世，是不是本来还可以改得更完美呢？他想起索菲娅曾说，他写得最精彩的内容是“家庭，性格，心理”，而不是花费了大量精力的战争与政治段落，不禁提笔给妻子写信——

> 这再对不过了。我记得你说这话时的样子，我清楚记得你当时的样子。我像塔尼娅[①]一样想大声喊：妈妈，我要去雅斯纳亚·波良纳，我要索尼娅。开始给你写信时情绪不好，写完时完全变了一个人。我亲爱的，只要你像我爱你一样爱我，我就什么都无所谓……[②]

《1805 年》最初在文学界引起的反响是复杂的。屠格涅夫曾急切地期待托尔斯泰“新写的长篇小说”，读到作品后却感到失望。他觉得托尔斯泰将自己的才华用错了地方，在宏伟的历史画卷上没完没了地净是涂抹些“琐碎、偶然和无用

---

①塔尼娅是索菲娅的妹妹塔吉安娜·安德烈耶夫娜·别尔斯的小名，下文的“索尼娅”是索菲娅的小名。

②1864 年 12 月 7 日的信，《列夫·托尔斯泰文集》第 16 卷，第 89 页。

的事情”。[1] 费特对托尔斯泰更有信心，但他也觉得《1805 年》情节进展得太慢，特别是几个主要人物的性格发展“停滞不前”。[2] 人们没有意识到，托尔斯泰正在写的是一部越出先前一切长篇小说范式的作品。《1805 年》之所以节奏缓慢，给初读者以冗长烦琐之感，是因为这一部分仅仅只是为整部小说铺开了舞台。托尔斯泰将批评意见置之一旁，继续自己的创作。他生活中的一切似乎都成了这项工作的一部分——参加附近地主的聚会，借机观察旧式俄国贵族的举止；花整天时间待在图书馆里钻研历史材料，还亲自去波罗狄诺战场考察；休息时，读荷马、塞万提斯和雨果，从他们那里学习如何描绘广阔的、无所不容的世界。每天深夜，写作让他疲惫不堪，却也只有写作能够在每天早上令他振作起来，开始新的一天。整个 1865 年，托尔斯泰修改已有的章节，继续写完《1805 年》下部，交给《俄国导报》在 1866 年初发表。

---

①1865 年 3 月 16 日的信，《屠格涅夫全集》第 12 卷，第 390 页。

②1866 年 11 月 7 日的信，《列夫·托尔斯泰文集》第 16 卷，第 103 页。

写完《1805年》（后来成为《战争与和平》的第一册），托尔斯泰以惊人的速度构思出小说的其余部分，他用几根遒劲的粗线条勾勒出主线，信笔挥洒出关键的情节，到1866年5月，整部小说的初稿已经完成，剩下的工作是漫长而艰辛的、一次又一次的改写。

一个未预料到的事件让托尔斯泰暂时中断了小说创作。1866年7月，两名中尉前来雅斯纳亚·波良纳拜访，他们是正在附近地区演习的莫斯科步兵第六十五团的军官，这次来是想向托尔斯泰提出一个请求。原来，在六十五团有一个常受军官欺负的文书沙布宁，前几天由于忍无可忍，打了平日最喜欢戏弄他的上尉，将要因此受军法审判。他们询问伯爵能不能为这个可怜人辩护。没有一刻犹豫，托尔斯泰同意了他们的请求。

审判定在1866年7月16日，托尔斯泰连夜起草辩护词。在他一生里，托尔斯泰站在公众面前讲演只有4次，这一次便是其中之一。他指出沙布宁由于长期受虐待已经有精神失常的迹象，人们能审判一个对自己行为没有意识的人，乃至惩罚他吗？他呼吁审判官们通盘考虑全部情况，以仁慈的精神决定犯人的命运……简短的讨论之后，审判官们援引尼古拉一世制定的、严厉的军法第 604 条给出了判决：士兵沙布宁犯上作乱，判处死刑。

托尔斯泰立刻准备吁求缓刑。他通过宫廷里的亲友向亚历山大二世递上呈文，请求赦免沙布宁。由于疏忽，他忘记在呈文中写明部队的番号，文件在陆军部被延误了。1866 年 8 月 9 日，沙布宁被处决。托尔斯泰觉得自己有责任：他没能讲好辩护词，打动严厉的法官；耽搁了求情的呈文，他更认为是不可原谅的过失。40 年后，他还记得这件事，那在繁花似锦的田野中孤零零矗立、几乎显得不真实的行刑柱，那些军鼓声中执枪列队的士兵，还有围观的、充满恐怖之情的人群，都让他回想起巴黎那曾令他深感厌恶的场面。如今他定要将自己的感受与思考写出来，让世界上更多的人了解。

随着写作的进程，托尔斯泰对于整部小说的构想也越来越清晰，他不想再将小说交给杂志发表，而是准备合在一起出单行本。1867 年 12 月 7 日，《莫斯科新闻》上刊出了小说的预售广告。转年春天，前 3 册出版。长期沉浸在创作中，他仿佛能看到、听到、触摸到自己笔下的人物，因此写得也越来越快。到了 1869 年底，小说的后 3 册也终于问世，整整 6 年艰辛的创作结束了，托尔斯泰感到如释重负。一直在远方关注着小说进展的屠格涅夫曾经预言，完成《战争与和平》将使托尔斯泰成为“我们所有同时代作家之首”。[①] 如今预言已然成真。

《战争与和平》从 1805 年夏天圣彼得堡上流社会的一场晚会写起，托尔斯泰毫不浪费笔墨，一下子将读者带进席间。他胸有成竹，先让一干次要人物依次登台，从容不迫地展开 19 世纪初俄国贵族的生活画卷，借人物的谈话说明当时的政治情势和世界历史背景，待舞台布置完毕，再领着读者结识小说的主要人物——高傲、冷峻、内心却充满炽热感受和生活欲望的安德烈·博尔孔斯基公爵，还有他的好友——笨拙而善良的皮埃尔·别祖霍夫。皮埃尔毫无上流社会虚伪圆滑的社交经验，天真地试图在晚会上严肃认真地讲述自己的政治信念，幸而安德烈公爵为他打了圆场。晚会后，两个朋友在博尔孔斯基家继续交谈。安德烈公爵向朋友倾诉了自己的苦恼——在

---

①1868 年 2 月 27 日的信，《屠格涅夫全集》第 12 卷，第 425 页。

别人眼中，他家庭幸福，前程远大，令人艳羡，可在他自己看来，自己的未来无非是成为宫廷社会里彬彬有礼的废物，“一切都在琐碎小事上消磨掉了”，他劝皮埃尔以自己为鉴，做一个“活人”。

皮埃尔在圣彼得堡与一群贵胄子弟饮酒胡闹，惹出了事，被赶出圣彼得堡，回到莫斯科父亲家，父亲去世后他继承了家业和伯爵的爵位。小说的场景跟着转到莫斯科，在罗斯托夫伯爵家里，人们正在议论皮埃尔的过失。托尔斯泰用5章篇幅写出罗斯托夫一家。这是个大家庭，除了伯爵和伯爵夫人，家里有五个孩子——长女薇拉，长子尼古拉，妹妹娜塔莎，小弟弟彼佳，还有远房外甥女索尼娅。托尔斯泰家的亲友们几乎立刻认出这些人物的原型。老罗斯托夫伯爵，生性快活，不谙世事，但“爱享福也会享福”，让人不由得想起现实中的伊利亚·托尔斯泰伯爵；从罗斯托夫家的大儿子尼古拉身上，人们则认出了列夫·托尔斯泰的父亲，才华有限，却正直、有责任感的尼古拉·托尔斯泰。[①] 小说中，温柔

①在小说最初的手稿里，这家人的姓正是“托尔斯泰”，后来改成“普罗斯托夫”，最终改成“罗斯托夫”。在俄语里，这个姓的词根是“生长”的意思。

羞怯的少女索尼娅静静爱着尼古拉·罗斯托夫，她的原型就是托尔斯泰亲爱的塔吉安娜姑姑，她与尼古拉·托尔斯泰年少时的恋情是家里人众所周知的。托尔斯泰也从妻子的娘家取材——薇拉理智而沉闷的性格一如叶丽扎维塔·别尔斯，活泼迷人的娜塔莎和她的美妙歌喉则来自别尔斯家的小妹妹塔尼娅。

与此同时，年轻的博尔孔斯基公爵夫妇——安德烈和他怀孕的妻子正返回童山的庄园。接下来几节叙述了童山的生活。威严的老博尔孔斯基公爵，处处像托尔斯泰的外祖父，按照启蒙主义的理性理想将自己的女儿，年轻的玛丽公爵小姐管教得十分严格。玛丽公爵小姐不漂亮也不聪明，但是温柔、纯朴、善良，“比美还动人”——她是托尔斯泰想象中自己的母亲。安德烈公爵在家待了几天，留下待产的小公爵夫人，动身去欧洲战场，在那里，奥地利—俄国联军对抗法国大军的战争即将爆发。

小说第一册的后半部分写 1805 年 10 月乌尔姆战役到 11 月 20 日（公历 12 月 2 日）的奥斯特里茨战役之间的战事。这是托尔斯泰在高加索和塞瓦斯托波尔从军时获得的实际经验，更重要的是他从那时以来发展出的一整套描画战争的文学手法，在《战争与和平》的“战争”段落里得到了淋漓尽致的展现。俄国军队的每一个人物，上至亚历山大一世和总司令库图佐夫，下至普通的士兵，全都刻画得鲜明、真实、亲切，令人一见难忘。志愿入伍的尼古拉·罗斯托夫，参加了向维也纳的退却和接踵而来的会战。尼古拉毫无战斗经验，对战争怀着不切实际的浪漫幻想，一心想做出非凡的英勇事迹，现实却无情地教训了他——

“我什么都不要，我什么都不要，我只要能到那儿，”罗斯托夫想道，“在我一个人的心里，在那阳光里，有那么多的幸福，可是这儿……是一片呻吟、痛苦、恐怖，以及这混沌、忙乱……又有人喊叫什么，大家又往后跑，我也跟着他们跑，这就是它，就是它，就是那个死神，它在我上面，在我周围……转瞬之间——我就永远看不见这太阳，这河水，这峡谷了……”

这时太阳渐渐隐藏到乌云里，在罗斯托夫面前出现了别的担架。对死和担架的恐怖，以及对太阳和生活的爱——这一切汇成一个令人痛苦、惊恐的印象。

“上帝啊！天上的父啊，救救我，宽恕我，保护我吧！”罗斯托夫喃喃自语。[1]

安德烈公爵此刻也在退却的俄国军队里。他比年轻的尼古拉富于经验和理智，对战争的现实有清醒的认识，然而，出人头地、做出与自己相配的崇高业绩的野心同样燃烧在他心里，他幻想着成为拿破仑那样的英雄，直到身受重伤倒在奥斯特里茨战场上，“在他的上面除了天空什么也没有，——高高的天空，虽然不明朗，却仍然是无限高远，天空中静静地飘浮着灰色的云”。他昏迷过去，又苏醒过来，正巧与视察战场的拿破仑本人视线相遇——

他直盯着拿破仑一声不响……他觉得，比起他看见的和理解的高高的、公正的、慈祥的天空来，拿破仑此刻所关心的一切是那么微不足道，他那个崇敬的英雄满怀猥琐的

---

①《战争与和平》第1册，《列夫·托尔斯泰文集》第5卷，第185页。

虚荣和胜利的喜悦，是那么渺小……①

全书的思想基调就此奠定。托尔斯泰轻蔑地扫去了对英雄豪杰和浪漫传奇的崇拜，他像自己早年服膺的卢梭那样，诉诸人心灵中内在的真实情感，指出在所谓伟人的业绩中并不存在生活的真理。那么，人真正可以赖以生存下去的东西，人生的真理，是什么？在何处？小说接下来的几册是对这个问题的回答。

安德烈公爵伤愈后返回童山，正在他到家的当晚，小公爵夫人因难产去世，给他留下一个孩子。他深觉自己有负于妻子，决心埋葬青春的热情，放弃一切公共生活，在庄园事务中度过余生。他的好友皮埃尔此时也深陷苦恼之中。幼稚的皮埃尔娶了美丽而堕落的海伦公爵小姐，一头扎入上流社会的腐化生活。他猛然醒悟过来，认识到自己的生活已经坠入深渊，毫无出路，为之惊恐万分。与神秘组织共济会的相遇使他稍微振作起来，开始尝试在日常生活中通过行善来拯救自己。又是初春时节，这对朋友在安德烈的田庄

①《战争与和平》第 1 册，《列夫·托尔斯泰文集》第 5 卷，第 364 页。

漫步，他们激烈争论人生的意义，都不能说服对方。然而，安德烈公爵意识到，朋友的话虽然不能令自己信服，却燃起了他生活的希望。送走皮埃尔，安德烈因为地区事务去罗斯托夫家的庄园，与娜塔莎相遇，她纯洁的青春魅力似乎让他重新变得年轻了，生活的欢乐仿佛再次出现在他面前。他领悟到心中的爱情，向娜塔莎求婚，二人约定一年后举行婚礼。

尼古拉·罗斯托夫这几年一直留在军队里，偶尔回家度假。他增长了见识和阅历，已不再是当年孩子气的冒失青年，而是位有经验的老兵。他与索尼娅彼此相爱，但二人却难以结合——罗斯托夫家由于老伯爵的挥霍已濒临破产，很希望尼古拉和有钱人家结亲，索尼娅却是没有财产的孤女。他打定主意要不顾一切娶索尼娅，计划先处理好部队里的事，然后就退伍，结婚，料理家业。

罗斯托夫家为准备娜塔莎的婚事前往莫斯科。他们再次遇见了全家人都很喜欢的皮埃尔。皮埃尔此时又消沉下来，共济会的神秘主义思想虽曾暂时令他振奋，但终究是荒谬可笑，难以长久作为人生的信念。他浑浑噩噩地过着日子，对人生不再抱什么希望，与过着放荡生活的妻子海伦和内兄阿纳托利一同住在莫斯科，任凭他们胡作非为，只求生活安静。阿纳托利是外表堂皇却内心丑恶的贵族公子，他察觉到娜塔莎由于和安德烈长久分离而内心脆弱，竟利用她的软弱引诱她与自己一道私奔。祸事幸而被索尼娅拦下，但娜塔莎与安德烈的婚约却破裂了。皮埃尔斥责阿纳托利怯懦而卑鄙，将他逐去圣彼得堡，随即赶往罗斯托夫家探望，他试着安慰沉浸在绝望中的娜塔莎——

“别那么说，别那么说，您的生活道路还远着呢。”他对她说。

“我的生活道路？不！我的生活道路全都完了。”她怀着羞愧和自卑的心情说。

“全都完了？”他重复说。“如果我不是我，而是世界上最漂亮、最聪明、最好的人，并且是自由的，那么此刻我就跪下向您求婚和求爱了。”

许多天以来，娜塔莎第一次流下感激和感动的眼泪，她看了看皮埃尔，就走了。

她走后，皮埃尔几乎是跑着到了前厅，忍着哽住喉咙的、因受感动和幸福而要流出的眼泪，他没有伸进袖子，披上皮大衣，就上了雪橇。

“现在到哪儿去，您老?”赶车的问。

“到哪儿去?”皮埃尔问自己。现在还能到哪儿去呢?难道到俱乐部或者到人家去做客吗?比起他所受的感动和爱情，比起她最后一次含着泪水向他一瞥——那温柔、感激的一瞥，——比起这一切，所有的人们都显得非常可怜，非常乏味。①

这已经是 1812 年大战的前夕。法国皇帝拿破仑将亚历山大一世看作自己独霸欧洲大陆的最后一个对手，调动了讲着 12 种欧洲各族语言的 60 万大军入侵俄罗斯。俄军只有 12 万人，在压力下步步后退，俄国似乎即将灭亡。皮埃尔捐出家产支援军队，组建了一个团，却不知自己能够做什么。他决定留在莫斯科等待命运的安排。安德烈公爵参加了军队，他对生命已一无所求，也不再有光荣献身的情怀。在波罗狄诺战场上，一发尚未爆炸的炮弹落在他的脚边——

①《战争与和平》第 2 册，《列夫·托尔斯泰文集》第 6 卷，第 756—757 页。

"难道这就是死吗?"安德烈公爵一面想,一面用完全新的、羡慕的眼光看青草,看苦艾,看那从旋转着的黑球冒出的一缕袅袅上升的青烟。"我不能死,不愿意死,我爱生活,爱这青草,爱大地,爱空气……"①

重伤的安德烈公爵被送往战地医疗点,却在这里见到毁了他生活的仇人,也参加了战争的阿纳托利。死亡唤醒了安德烈公爵身上全部美好的东西,对生活,对人的热爱——"这就是我为什么舍不得离开人世,这就是我所剩下来的唯一的东西!"他宽恕了阿纳托利,怀着温柔的情感思念起娜塔莎,"于是在他的心中唤醒了对她的眷恋和柔情,比任何时候都更生动、更强烈的眷恋和柔情"。他渴望生活,但已身负致命伤,与其他伤员一起被送回即将沦陷的莫斯科,又从那里向后方撤退。由于命运的巧合,他与罗斯托夫一家相遇。娜塔莎陪伴在安德烈公爵的病榻边,直到他去世。

皮埃尔茫然滞留在莫斯科,他被某种神秘的情绪萦绕,竟认为自己可以刺杀拿破仑。他怀着这

①《战争与和平》第3册,《列夫·托尔斯泰文集》第7卷,第1014页。

个念头走上街头，并未行刺，却从焚毁莫斯科的大火中救出一个孩子。而他却无端地被当作纵火犯逮捕，不得不亲眼看着其他囚犯被无辜处决——托尔斯泰在这里倾吐了自己对死刑的全部愤怒——又和撤退的法军一起走上西去的大路。身体被拘禁，自由被剥夺，他对生命的感觉却和安德烈公爵受伤时一样复活了。路途中的一个夜晚，太阳早已西沉，满月刚刚升起，还有几点明亮的星星在闪烁。皮埃尔远离其他俘虏围坐的篝火，独自坐在马车边，一种真理突然注满了他的心胸——

> 他哈哈大笑起来，浑厚而和善的笑声是那么响亮，引得周围的人都惊讶地转脸看这古怪的、显然是独自一个人的笑声。
>
> “哈，哈，哈!”皮埃尔在笑。他出声地自言自语：“那个士兵不让我过去。抓住我，把我关起来。把我当作俘虏。他们俘虏了谁，我吗？俘虏我，就是俘虏我不朽的灵魂！哈，哈，哈！……哈，哈，哈！……”他大笑，眼眶里涌出泪水。
>
> ……这片大得无边、篝火哔哔剥剥作响、人声嘈杂的宿营地，现在静了下来。火红的篝火渐渐熄灭了，颜色变得苍白。一轮

> 满月高悬在明朗的天空。营地以外的森林和田野原先看不见，这时在远方展现了。越过森林和田野，可以看见明朗的、飘忽不定、正在呼唤的无限的远方。皮埃尔仰望天空，凝视那深远的天际逐渐远去的闪烁的繁星。“这一切都是我的，这一切都在我心里，这一切就是我！”皮埃尔想。“可是，他们抓住这一切，关进板棚里！”他笑了笑，就走到同伴那儿躺下睡了。①

皮埃尔被俄军的游击队拯救，得知海伦已经在战争期间去世。他重获自由，回到莫斯科，与娜塔莎重逢，心灵早已相通的两人终于结为夫妻。尼古拉·罗斯托夫在撤退期间路过童山，从绝境中救出了玛丽公爵小姐。战争胜利后，索尼娅牺牲了自己的幸福，违背了尼古拉与自己结婚的誓言，让他依照自己的心意娶玛丽公爵小姐，拯救罗斯托夫家的家业。小说的结尾处，两对历经劫难的夫妇，皮埃尔和娜塔莎，尼古拉和玛丽，在莫斯科罗斯托夫家的客厅里团聚，战争已经过去 7 年，尽管皮埃尔和

①《战争与和平》第 4 册，《列夫·托尔斯泰文集》第 8 卷，第 1263 页。

尼古拉的政治主张截然不同——皮埃尔倾向自由思想，尼古拉则坚持保守的统治原则，但他们各自与所爱的人融合无间，生活平静而幸福。托尔斯泰没有按照原先的设想写到1825年——皮埃尔原本必定会在那时扮演一个重要的角色，而是在风暴再次袭来之前的1820年结束了小说。

正像托尔斯泰为自己提出的任务一样，《战争与和平》并不是一部对同时代具体问题——民族独立、农奴解放、政治改革、经济规划等做出明确解答的著作，而是让所有读到作品的人们“为之哭，为之笑，并且热爱生活”的小说。在托尔斯泰看来，生活才是一切的源泉，人们在解决生活里遇到的所有具体问题之前，先得回答一个根本问题，即生活本身的意义是什么。小说中，他的两位化身——安德烈和皮埃尔经历了人生的种种境遇，从苦难、折磨和迷惘中努力寻找答案，而这也正是托尔斯泰在人生中苦苦追寻的。这问题的答案，他如今觉得，他已经寻找到了：生活的意义不是任何一条明确、具体因而有限的教条，而是要活下去、获得幸福的执着意志，是对生活的热爱。文学艺术的价值也就正在于此，“不是无可争辩地解决问题，而是让人们热爱有着永不休止的无穷表现的生活”。[①]

《战争与和平》是对人类生活的赞歌，也是对托尔斯泰自己41年生活的总结。他先前曾在作品中写过的所有重要主题，在《战争与和平》中都更臻于完美——通过富于情感意义的、关键的片刻，展现一个人心灵的成长，这来自《童年》《少年》和《青年》；蔑视所谓的重大政治活动，破除战争的浪漫幻觉，如实地刻画其中的残酷现实，从而展现承受那一切苦难的人类精神真正的崇高，这来自塞瓦斯托波尔系列小说；厌恶上流社会的教养，赞美合乎自然的生存，这是《哥萨克》。不过，托尔斯泰之前从来没有通过一部卷帙浩繁的作品来囊括所有这些主题，他以惊人的力量——文学史上少见的力量——将生活的各个层面综合为一个整体，进而透过这个整体得出结论：幸福就是获得真和善，幸福是可能的。这个结论是必然的，是无法拒绝的，因为小说中每一处都体现着它，贯穿着作者对它的信心，《战争与和平》的永恒魅力也正在于此——

①1865年7月至8月的信，《列夫·托尔斯泰文集》第16卷，第92页。

“……人生的最大幸福就在于追求善和真。要活着，要爱，要信仰，”皮埃尔说，“我们不仅是今天生活在这一小块土地上，而且我们永远、在一切方面在那里（他指了指天）曾经生活过，并且将来也在那里生活。”安德烈公爵用臂肘支着渡船栏杆站在那里听皮埃尔说话，眼睛一直望着苍茫的河水辉映着夕阳的红光。皮埃尔停住不说了。四周一片寂静。渡船早已靠岸，只有波浪轻轻拍打着船底。安德烈公爵感到水浪的冲激声仿佛在附和皮埃尔的话：“真的，相信这个吧。”①

①《战争与和平》第2册，《列夫·托尔斯泰文集》第6卷，第485页。

第六章

列文（1869—1877）

自从定居田园以后，托尔斯泰很少在夏天写作，他接待亲友，去树林里打山鹬，下田干庄稼人的活儿，让自己的身心尽情感受俄罗斯短暂而欢乐的夏日。创作《战争与和平》迫使他将这个习惯中断了好几年，如今小说已经写成，托尔斯泰从艰苦的精神劳动中解脱出来，想要休息。他写信告诉费特，这个夏天自己不打算写作，也“不想认识任何人”。[1] 他得知在伏尔加河流域的奔萨省有某处田庄出售，决定亲自出门去做一番考察，若合适就买下来。1869 年 8 月底，他搭乘新开通的火车从图拉去莫斯科，又从那里向西南

①1869 年 5 月 10 日的信,《托尔斯泰文学书简》,第 419 页。

去，9 月 2 日，托尔斯泰到了下诺夫哥罗德，铁路只通到这里，要去奔萨还得再走将近 400 公里的路途。托尔斯泰乘马车走了一整天，直到深夜才抵达阿尔扎马斯城郊，由于命运开了一个玩笑，这里后来成为俄国核武器的研制中心，但当时，它还是捷沙河畔一座偏僻寂静的小镇。在深沉的夜色中，托尔斯泰昏昏欲睡，他猛然惊醒过来，恍惚间不知身在何处——“我在哪里？我去哪儿？做什么？”陌生的乡野突然让托尔斯泰感到难以忍受，一心只想停下来歇息。进城的路格外漫长，马车在黑暗中颠簸前行，隐约能看见一座座熄了灯火的小屋，人们都已入睡，铃铛声和马蹄声回响在空荡荡的街道上，小镇显得十分孤寂凄凉。终于，马车停在一家客栈前，客栈里只有一间空房，一个“粉刷得雪白的正方形房间，挂着红窗帘”，托尔斯泰随手拿过一个枕头，在沙发上躺下，他试着入睡，但又猛然惊醒，睡意全消，再也无法睡着，可怕的思绪萦绕在他的心头——

> 我到这儿来干什么？我要往哪儿去？我要逃避什么？往哪儿逃？我在逃避什么可怕

> 的东西，可是逃避不了。我永远逃避不了我自己，我在折磨自己……①

托尔斯泰内心充满不可名状的不安，他走出房门来到走廊上，看门人正垂着头打盹儿，他又走回房间，仆人也睡着了，这夜里只留下他一个人醒着，难以成眠。“我多蠢啊。”他对自己说，“我愁什么？我害怕什么？”

> 死神悄悄地回答说：“你害怕我，我就在这儿。”

他战栗着，感到死亡无比迫近。“可它是不该来的呀！……我整个身心都在渴望，渴望生的权利！”在极度忧惧中，他寻出蜡烛将其点燃，微小的、红色的火焰在房间里摇曳，他试着思考日常琐事，庄园，家庭，写作，一切都好像骤然显得毫无意义，“回首往事，想到生活，我就觉得垂死的生命是可怕的。生和死不知怎的竟合二为一，有什么东西在撕裂我的灵魂，但撕裂不

①[俄]列夫·托尔斯泰，草婴译：《疯人日记》，《克鲁采奏鸣曲（中短篇小说）》，上海：上海远东出版社，1997年版，第164页。

开”。他再也无法忍受，叫醒所有的人，在暗夜中继续行路，接下来的几天里，他竭力尽快办完事，放弃购买田庄的打算，匆匆赶回家。

死，那么多次经历过的死，母亲、父亲、祖母、亚历山德拉姑姑、德米特里和尼古拉哥哥、高加索和塞瓦斯托波尔的士兵们……理智上，托尔斯泰知道自己和所有人一样，某一天也会死，从世间消失，为此苦恼和忧虑，但这一次似乎与之不同，在阿尔扎马斯的那个夜晚，托尔斯泰在心灵中体验了自己的死。刚开始创作《战争与和平》时，托尔斯泰在日记里写道：“我不想死，而想永生，我爱永生。”[1] 如今不朽的作品已经写成，正是在这部作品里，他以巨大的激情和充沛的生命力，为生活本身写出了前所未有的辩词，可突然之间，无法填补的疑问似乎再次涌现。生命越是美好、珍贵、充满意义，与之对立的死亡就越是显得不可理喻、荒谬绝伦。离家前，托尔斯泰刚刚读完叔本华的著作，他回忆起这位德国哲学家的思想——生命世界里的一切都是生存意

---

①1863年10月6日的日记，《列夫·托尔斯泰文集》第17卷，第106页。

志的展现，而这种意志，在成就欢欣的同时，也正是痛苦与空虚的根源，只有在伟大的艺术、哲学的沉思和神圣的宗教体验中，才有彻底地解脱。① 艺术、哲学、宗教，为了解开生死的矛盾，人类曾做过那么多尝试，托尔斯泰自己也曾经努力在文学创作中破解这一矛盾，他几乎相信自己已经找到了答案，而如今他明白了，探索还远未终结。默默咀嚼着心中的困惑，托尔斯泰回到雅斯纳亚·波良纳，阿尔扎马斯之夜的可怕回忆似乎渐渐淡了，伤口却永远留在了他的心底，无法愈合。

文学依然能给托尔斯泰以需要的慰藉。初夏时节，费特寄来自己的新作，一首题为《五月之夜》的诗——

掉队的最后一团烟云，
飞掠过我们上空。
它们那透明的薄雾，
在月牙旁柔和地消融。

胸揣晶莹的繁星，

---

①1869 年 8 月 30 日的信，《托尔斯泰文学书简》，第 421 页。

春天那神秘的力量统治着宇宙。——
啊，亲爱的！在这忙碌扰攘的人境，
是你允诺我幸福长久。

但幸福在哪里？它不在这贫困的尘世，
瞧，那就是它——恰似袅袅轻烟。
紧跟它！紧跟它！紧跟它上天入地——
直到与永恒融和成一片！[①]

托尔斯泰读着诗作，竟潸然泪下。他感到费特写出了生命本身的向往、惆怅、忧伤和美，过了许久，他还情不自禁地念起其中的诗句。[②] 这些天，他自己正大量阅读前人的戏剧作品，想为创作一部历史剧做准备。他重读了莎士比亚，但更令他赞赏的是古希腊的大师们——索福克勒斯和欧里庇得斯。[③] 为了更准确地理解他们的作品，托尔斯泰埋头学起古希腊语，到1871年初，他得意扬扬地写信给费特汇报自己的成绩，他已能不

---

①[俄]费特，曾思艺译：《费特抒情诗选》，北京：中国友谊出版公司，2014年版，第186页。

②1870年5月11日和6月13、14日的信，《托尔斯泰文学书简》，第430页、432页。

③1870年2月16日的信，《托尔斯泰文学书简》，第427页。

用字典阅读色诺芬的著作，也能读荷马的史诗了。古典作家能够将典雅与自然完美地结合在一起，这给托尔斯泰留下深刻的印象，他庆幸自己产生了学习古希腊语的“怪念头”，相比之下，他觉得《战争与和平》冗长而芜杂，决心再也不去写这样的作品。[①]

索菲娅以妻子的敏锐察觉到，托尔斯泰仿佛正在变成另一个人，他对实际生活变得越来越淡漠——对古希腊语的热情像是也证实了这一点，那是一门消亡了将近两千年的语言呀！冬天以来，他身体一直不好，到夏天也没康复，“体力衰弱，什么也不需要，什么也不想要，除了安静以外”[②]。索菲娅想起，正是在结婚前的那个夏天，托尔斯泰曾经去萨马拉大草原上疗养，如今再去那里住两个月，也许对他的身体会有好处。6月11日，托尔斯泰动身去萨马拉。夏天的草原炎热异常，风光却十分美丽，弥补了天气带来的不便。草原民族的纯朴更让他感动。他还是忘不了自己的古

---

①1871年1月1日至6日的信，《托尔斯泰文学书简》，第437页。

②1871年6月10日的信，《托尔斯泰文学书简》，第440页。

希腊语，随身带着希罗多德的著作——在《历史》第4卷里，这位西方“历史学之父”曾经描写过两千多年前黑海沿岸斯基泰人的生活，而如今，住在帐篷里，畅饮马奶酒，托尔斯泰觉得自己正生活在这些人之中。他休息了两个多月，身体有所好转，便起身回雅斯纳亚·波良纳，新的设想激励着他——在古典著作和现代的牧民那里，他领略到了活生生的语言的美，如今他要试着用这种语言风格创作一部前无古人的作品，为俄国的孩子们编写一部真正给他们看的读本。

1871年秋天，托尔斯泰从世界各国的寓言、童话、历史轶事和民间传说里广泛取材，将其改写成适合儿童读的故事。1872年，给小学生们的《识字课本》出现在俄国的书店里。后来，托尔斯泰修订了全书，将识字用的初级课本和稍高深一些的读本分开来，分别作为《新识字课本》和《俄语读本》出版。他始终记着自己的原则，摈弃一切多余的笔墨，用“人民的语言”[1] 写单纯而真实的东西，结果是惊人的纯净、优美，充满

①1872年3月22日、25日的信，《列夫·托尔斯泰文集》第16卷，第123—124页。

生活的朝气与朴素的智慧——

> 儿子从城里回到乡下来看父亲。父亲说："今天割草，你拿上草耙子跟我走吧，也好帮我一把。"可是儿子不愿意干活，他说："我学了一肚子学问，把庄稼人的词儿都忘光了，什么叫草耙子啊？"他刚走到院子里，就一脚踩在草耙子上，被耙子柄儿打了额头。这时候他想起什么叫草耙子了，摸着额头说："是哪个蠢货把草耙子扔在这儿啦！"（《有学问的儿子》）
>
> 有一次，老汉砍了一捆木柴，扛在肩上。路途遥远，他走得精疲力竭，把柴捆放下，说："唉，真不如死了的好！"死神走来对他说："我来了，你想要什么？"老汉吓坏了，说："帮我把柴捆提起来吧。"（《老汉和死神》）①

《新识字课本》和《俄语读本》取得了巨大的成功，几代的俄国孩子都通过这套课本来感受

①分别见《俄语读本》第 1 册、3 册，《列夫·托尔斯泰文集》第 12 卷，第 32 页、108 页。

语言的美，领悟人生的道理。直到现在，托尔斯泰写的这些故事还仍然出现在俄国孩子们的课本里。它们的生命力是永恒的。

《识字课本》不是传统意义上的文学作品，不过，它却将托尔斯泰重新引回到文学工作上来。1872 年秋天，他忘了自己再也不写长篇小说的誓言，一头钻进彼得大帝时代的历史文献里，准备写一部新的历史小说。彼得大帝的统治（1682—1725）已经过去了一个半世纪，要理解那个时代的人们，生动而深刻地再现他们的生活，他感到困难重重，几乎无处下笔，但他又以执着的精神不屈不挠地继续着。

1873 年的初春来了。3 月 18 日，托尔斯泰做完当天的研究工作，随手拿起普希金的小说集，这位前辈大师的作品，他已读了不知多少遍，如今重读时仍然爱不释手。《射击》《埃及之夜》《上尉的女儿》……他一篇篇读下去，忘记了时间的流逝，不知过了多久，他翻开《宾客聚集别墅》这一篇，这是普希金未完成的短篇，托尔斯泰读到小说的开头——

宾客聚集别墅。客厅里同时挤满了刚从

首轮上演意大利歌剧的戏院里归来的女士们和先生们。……①

这段话他早已熟知，今天他却觉得像第一次读到。多么简洁！直截了当！托尔斯泰感到某种神秘的灵感抓住了自己，一个又一个形象、场面、情节突然像火花一样在他心中闪烁，在创造的狂喜中，他拿起笔写下一个开头：“歌剧散了，宾客们聚集在年轻的弗拉斯基伯爵夫人家里。”②这将是一部长篇小说的开端，和之前围绕彼得大帝的一切研究工作几乎毫无关系，却是他从此刻起要写的作品——《安娜·卡列宁娜》。

托尔斯泰“不由自主，不期而然，自己也不知为什么”奋力写下去，“那么美妙，那么突然”，一切便成形了。③ 只用了一个星期，他已构思好小说的主要情节。他难以克制自己的激动，写信给朋友们，劝他们都去读普希金——他“值

①[俄]普希金，戴启篁译：《普希金小说集》，长沙：湖南文艺出版社，1991 年版，第 457 页。

②托尔斯泰后来修改了这个句子，在小说的定稿中，它被放在第 2 部第 6 章的开头。

③1873 年 3 月 25 日的信，《列夫·托尔斯泰文集》第 16 卷，第 126 页。

得每个作家反复学习”![1] 一个多月的时间里，他写出小说的梗概，随后准备动身去萨马拉。

对于萨马拉草原上的人们来说，1873 年夏天是一段艰苦的时日，天气炎热而干燥，暴烈的阳光炙烤着土地，大旱灾降临了。托尔斯泰亲自去邻近的各个村子调查，将受灾情况统计成册，发表在 8 月 17 日的《莫斯科新闻》上；他还揭露说，当地新上任的省长克里莫夫，不但不救济灾民，反而认为公布旱灾的消息会丢自己的面子，打算将灾情掩盖起来。托尔斯泰的文章引起强烈反响，当局不得不取消征收那一年农民们的税款。民间的募捐也组织了起来，直到许多年后，萨马拉的农民们都记得，是在托尔斯泰伯爵的帮助下，许多人才活过了那一年。

从萨马拉回来，托尔斯泰继续创作。他事务缠身，时常生病，写作速度也慢了下来。直到 1874 年底，他才修改完小说的第一部分，交给《俄国导报》发表。从 1875 年初到 1877 年，《安娜·卡列宁娜》在《俄国导报》上连载，到 1877

---

①1873 年 4 月 9 至 10 日的信，《列夫·托尔斯泰文集》第 16 卷，第 128 页。

年5月那一期，本来应该发表小说的最后几章，连载却中断了。《俄国导报》解释说，这是因为小说实际上已经结束，剩余的部分只是尾声，不准备继续发表。然而，事实却并非如此。

在1875—1876年间，巴尔干半岛爆发了反抗土耳其帝国统治的起义，在好战分子的推动下，俄国逐步以保卫“斯拉夫兄弟”的理由走向与土耳其的又一次战争。[1] 主持《俄国导报》编辑部的卡特科夫，在自己的刊物上为战争大声喝彩。托尔斯泰对任何以“人民”的名义发动战争的辞令都深深怀疑，在《安娜·卡列宁娜》的结尾部分，他通过主人公列文说出自己的意见——

> 他不能承认，根据几百个开到京城来的、会说大话的志愿兵的话，于是几十个人，他哥哥也在内，就有权利说他们和报刊表达了人民的意志和思想，何况这种思想是表现在复仇和屠杀上。……他之所以不能同意，最主要的是因为他，还有人民，都不知道，而且也不可能知道什么是公共福利，却

---

①这次战争以俄国苦战获胜，签订《圣斯忒法诺条约》结束，时间是1877年4月至1878年3月。

确切地知道，只有严格地遵守展现在每个人面前的善的法则，这种公共福利才能取得，因此无论为了什么目的他都不愿意发生战争，也不鼓吹战争……[①]

卡特科夫拒绝发表小说的这一部分，因此才有了《俄国导报》第 5 期上的“解释”。这是对托尔斯泰的侮辱，托尔斯泰针锋相对地在另一份刊物《新时报》上发表公开信，向大众说明实情。与《俄国导报》自连载《战争与和平》以来的 10 年合作自然也就破裂了。

这场冲突虽然只是一段插曲，却也说明了小说的特殊之处。不同于《战争与和平》，《安娜·卡列宁娜》不是一部以过去的年代为背景的历史小说，而是一部写同时代人的作品。小说开始于 1872 年 2 月 11 日[②]，星期五的早晨八点，结束于 1876 年 8 月的一个雷雨之夜——几乎与托尔斯泰的创作时间同步；另一方面，《安娜·卡列宁娜》

---

①《安娜·卡列宁娜》下册，《列夫·托尔斯泰文集》第 10 卷，第 962 页。

②小说本身并未给出这个日期，这里依据纳博科夫为《安娜·卡列宁娜》故事情节推定的精确时间表。参见纳博科夫《俄罗斯文学讲稿》，丁骏、王建开译，上海三联书店，2015 年。

又是《战争与和平》的续篇，在前一部小说中树立起来的生活信念，在《安娜·卡列宁娜》里继续展开，经受新的检视，并预示着未来的方向。

《安娜·卡列宁娜》包含两条交织在一起的情节线索：安娜－弗龙斯基和列文－基蒂。托尔斯泰以高超的文学技巧，将这两条线索在小说中融合在一起，“浑然天成，不露痕迹”。[1] 一如往日，在塑造人物时，托尔斯泰广泛从自己的生活中取材。女主人公安娜·卡列宁娜的事迹，取自邻居家的一位女子安娜·斯捷潘诺夫娜·皮罗戈娃，1872 年初，这位夫人由于爱情纠纷，在图拉附近的铁路上卧轨自杀。托尔斯泰将充满活力的美赋予自己的女主人公，根据文学史家研究，对她的外貌刻画来自当时社交界名媛玛丽亚·亚历山大罗夫娜·哈尔滕，诗人普希金的女儿——通过戈尔恰科夫家那边，托尔斯泰是普希金家的远亲；安娜热烈的性格则来自诗人阿列克赛·康斯坦丁诺维奇·托尔斯泰的夫人索菲娅。托尔斯泰以沙皇的财政大臣瓦鲁耶夫为原型写出安娜的丈

---

①1878 年 1 月 27 日的信，《列夫·托尔斯泰文集》第 16 卷，第 149 页。

夫，僵硬呆板的官僚阿列克谢·卡列宁。安娜的爱人，英俊多情、内心贫乏的军官弗龙斯基则让人想起托尔斯泰夫人少女时代的男伴米特罗凡·波利瓦诺夫。在列文－基蒂这条线索上，不断在追寻中获得心灵成长的康斯坦丁·列文，是成熟创作期的托尔斯泰笔下自传性最强的一个形象，托尔斯泰将自己的经历和感情袒露出来，赋予这个人物。基蒂则处处让人认出她是源自托尔斯泰夫人。列文的兄弟们，天性善良却过着放荡生活的尼古拉，很像托尔斯泰早逝的三哥德米特里；列文的异父兄长，头脑机械教条的学者谢尔盖·科兹内舍夫，则借用了二哥谢尔盖·托尔斯泰的性格。小说中，科兹内舍夫与基蒂的女友瓦莲卡有一段无果的恋情，这也是依据谢尔盖·托尔斯泰与别尔斯家小女儿塔尼娅的真实事迹。[①] 小说中的许多其他人物和事迹，也都可以从托尔斯泰的生活中找到原型。不过，托尔斯泰绝不是亦步亦趋地描摹现实中的人物，而是依据自己的创作重构素材，将其对精神实质的深刻理解注入其中，使人物成为活生生的文学典型。

---

①参见 Henri Troyat, *Tolsto*, P345。

小说开篇处，平庸善良的贵族斯捷潘·奥布隆斯基公爵在莫斯科家中的沙发上醒来，他与妻子多莉已经争吵了好几天，多莉不能原谅丈夫欺骗自己，决心回娘家谢尔巴茨基家，但又放心不下孩子们。奥布隆斯基面对混乱毫无办法，一心期待妹妹——嫁给高级官僚阿列克谢·卡列宁的安娜前来说和。安娜赶来莫斯科，勉强调解了哥哥家里的纠纷，在返回圣彼得堡的火车上，她再次见到了曾在莫斯科火车站偶遇的英俊军官弗龙斯基。对弗龙斯基，安娜体会到从未有过的眷恋与吸引，心中萌发了隐秘的情感。在圣彼得堡，他们终于成为情人。

弗龙斯基在赛马会上跌下马来，安娜目睹此景，大惊失色，流露出内心的真实情感。他们的恋情再也无法隐藏了。安娜冲破上流社会的虚伪习俗，离开卡列宁，公开与弗龙斯基共同生活。为了逃避流言蜚语，他们去意大利，回国后居住在乡下的田庄。他们的关系始终无法得到世俗的认可，他们不得不断绝与社会的大多数往来，孤独相守，为此两个人都越来越痛苦。安娜将弗龙斯基的内心挣扎看作爱情衰减的表现，一天天沉入绝望，终于投身于火车轮下——

> “我在哪里？我在做什么？为什么呀？”她想站起身来，把身子仰到后面去，但是什么巨大无情的东西撞在她头上，从她的背上碾过去了。“上帝，饶恕我的一切！”她说，感到无法挣扎……[①]

小说著名的开端“奥布隆斯基家里一切都混乱了”为安娜－弗龙斯基的故事奠定了基调。《战争与和平》里笼罩在家庭之上的神圣氛围消失了，托尔斯泰环顾 19 世纪下半叶的俄国社会，只见一片“混乱”，处处都在解体之中。小说通过对贵族社会众多人物的刻画，写出了婚姻制度崩溃的现实，其中最重要的两组家庭，斯捷潘·奥布隆斯基和多莉的感情早已破裂，只是表面上仍勉强维持共同生活；不同于他们，安娜决然逃离卡列宁，成为弗龙斯基的伴侣。然而，她与弗龙斯基的结合，虽有炽热的情感，却缺乏对共同理想的追求，内在的精神基础是贫瘠的，她的悲剧命运也就因此注定。托尔斯泰对自己的这位女主人公，既同情又谴责。同情，是因为安娜拥有

---

①《安娜·卡列宁娜》下册，《列夫·托尔斯泰文集》第 10 卷，第 911—912 页。

上流社会中罕见的率真、诚实与炽热的生命活力，拒绝以虚假的伪装掩饰自己的情感，她之所以遭到那个社会的排斥，根本原因也正在于此；谴责，则是因为她除了有对弗龙斯基的眷恋之外，没有更高的精神追求，“那样的话，爱情就成了完全的自我中心主义，而自我中心主义带来的是毁灭而不是创造”。[①] 然而，托尔斯泰绝不承认现存的、道德真空的世俗社会有丝毫权利对安娜加以评判，只有更高的精神存在才有评判的资格，这便是小说著名的题词，引自《圣经》的神谕“申冤在我，我必报应”的含义。

与安娜一弗龙斯基和“混乱之家”形成对照的，是列文与基蒂。列文也在小说开场时来到莫斯科，他是斯捷潘·奥布隆斯基的朋友，秉性却与后者完全不同。在许多地方，列文和托尔斯泰本人相似——出身望族，在乡间经营田庄，有纯洁的精神理想，真诚而羞怯，对一切道德和智力的虚伪都十分敏感，执着地追寻生命的意义。托尔斯泰将自己的许多气质给了列文，但他们最大的不同之处在于列文毫无任何文学追求。列文这

①纳博科夫:《俄罗斯文学讲稿》,第 147 页。

次来莫斯科，是准备向多莉的妹妹——谢尔巴茨基公爵家的小女儿基蒂求婚。然而，她此时正迷恋着弗龙斯基（当时他是基蒂身边的追求者，正如这一人物的原型，年轻军官波利瓦诺夫），托尔斯泰细腻地剖析少女的心理："她想起列文就感到愉快。在她关于弗龙斯基的回忆里，却始终掺杂着一些局促不安的成分，虽然他温文尔雅到了极点；好像总有点什么虚伪的地方……然而她和列文在一起却觉得自己十分单纯坦率。但是在另一方面，她一想到将来她和弗龙斯基在一起，灿烂的幸福远景就立刻展现在她眼前；和列文在一起，未来却似乎蒙上一层迷雾。"①

基蒂拒绝了列文的求婚，列文伤心欲绝，决定立刻返回乡间，临走前他探访抛弃了社会地位、过着堕落生活的哥哥尼古拉，让他心情更抑郁。回到家里，他决心（正像托尔斯泰本人曾决定的那样）丢开对个人幸福的执念，在劳动和服务中更新自己。这些篇章仿佛正是托尔斯泰自己那一时期的生活写照，他充满困惑，自我怀疑而

①《安娜·卡列宁娜》上册，《列夫·托尔斯泰文集》第9卷，第58页。

又坚持奋斗下去——

他的生活的这一切痕迹好像抓住了他，对他说："不，你不会离开我们，你不会变成另外的样子，你还会和从前一样的：老是怀疑，永远不满意自己，徒劳无益地妄想改革，结果总是失败，永远憧憬着你不会得到、而且不可能得到的幸福。"

这些东西就是对他这样说的，但是他心里的另一种声音却对他说不应当墨守成规，要尽力而为。听从了这声音，他走到放着一对两普特重的哑铃的角落里去，像运动员似的举起它们，竭力使自己振作起来。……①

列文回家之前的那个夜晚，基蒂在舞会上突然发现了弗龙斯基与安娜的关系，她的内心崩溃了。从前来乡下打猎的奥布隆斯基那里，列文听说基蒂出国疗养的消息，他感到痛苦，勉强自抑。他与试图将自己拉进公共生活的同母异父的哥哥科兹内舍夫激烈争论，选择在田间暂时忘却

①《安娜·卡列宁娜》上册,《列夫·托尔斯泰文集》第9卷,第114页。

自己的苦恼，得到宽慰。农民们的集体劳动，是与贵族地主截然不同的、质朴自然而又欢快的日常生活，这深深吸引了列文。“列文羡慕这种健康的快乐；他渴望参与到这种生活的欢乐表现中去。但是他什么都不能做，只好躺着观看倾听。”列文自忖，应当抛弃无法令自己满足的旧生活，追求单纯、正当的新生活，可是，怎么做呢？劳动吗？离开庄园吗？娶一个农家女，试着让自己变成一个农民？《一个地主的早晨》和《哥萨克》的主题短暂地复现了。在夏夜的草场上，列文思考着，彻夜难眠，直到清晨，他走出田野，沿着回村子的大路走着。正是黑夜即将转为白昼的时刻，轻风拂过，大路上，一辆马车迎面驶来，列文向车中望去，一位刚醒过来的少女正注视着窗外。这是恢复了健康，从国外回来的基蒂。看到她，列文昔日的情感复活了，他不知如何对待这种感情，濒死的尼古拉哥哥猝然来访，又引起他心灵的震荡。心情纷乱之下，他没有去拜访住在不远处谢尔巴茨基家庄园的基蒂，而是出国去考察，走遍西欧各国，回到俄国后，在奥布隆斯基家的聚会上，他终于和基蒂重逢，他们完全理解了对方，结为夫妇——

> 在她所说的话里分明没有什么特异的地方，但是对于他，她说这话的时候，她的每个声音，她的嘴唇、眼色和手的每个动作都有着何等不可言喻的意义呀！……温柔的、羞怯的怜爱，许诺、希望和对于他的爱情，那种他不能不相信，而且使他幸福得窒息的爱情。①

托尔斯泰表明，只有建立在共通的内心、共同的生活追求基础上的爱情才是正当的。一如在《战争与和平》中那样，爱情不是独立存在的，而是与“人生观”有关的问题，与对生命之善的探寻结合在一起的。是对基蒂的爱令列文找到自我，列文意识到自己对新生活的追寻是不可能通过变为截然不同的另一个人来实现的——那不过是在《一个地主的早晨》等作品中已经反复表现过的、不切实际的幻想。

从第 5 部第 14 章开始，托尔斯泰描写了列文婚后的生活。他获得了幸福，但与先前想象的却完全不同。列文原本相信，在自己的婚姻生活中

---

①《安娜·卡列宁娜》上册，《列夫·托尔斯泰文集》第 9 卷，第 458 页。

绝不会有别的夫妻那种“琐碎的忧虑、争吵、嫉妒”，可是出乎他的意料，“他和妻子的生活不但没有独树一格，而且，恰好相反，完全是由他以前那么轻视的极其琐碎的小事构成的，而现在，那些小事，违反他的意愿，却具有了异乎寻常、无可争辩的重要性”[①]。他发现，婚姻的幸福并不意味着生活内容的彻底革新，在婚后最初一段时期，甚至可能阻碍他完成有意义的、必要的工作。随着情节的进展，新婚夫妇逐渐克服了刚开始共同生活时遇到的种种障碍。像婚后十多年间的托尔斯泰那样，列文充满活力地工作，耕种田地，植树造林，饲养牲畜，兴建产业，扩大自己的农庄，然而，小说最终的音调却不是平静的田园诗。在两段关键情节的推动下，小说走向一个更不确定、更多疑问的结局。

第一段关键情节是尼古拉之死。和托尔斯泰的德米特里哥哥一样，尼古拉昔日曾是纯真的少年，是兄弟中最严于律己的一个。也许正是那种过分严厉的自我要求摧垮了他，将他从无瑕的纯

---

①《安娜·卡列宁娜》下册，《列夫·托尔斯泰文集》第 10 卷，第 571 页。

洁一变而为彻底的堕落，最终在省城的一家肮脏的旅馆一病不起。列文在哥哥临终前几天赶到，无法避免的、即将来临的死亡，病人自己对生命怀有的渺茫希望的一点点消逝，都令列文的心灵深受震动——“他感到比以前更不能理解死的意义，而死的不可避免在他眼前也显得比以前更可怕”，幸而，有爱情，有基蒂温柔的陪伴，能让他感到，尽管人生有死，还是“不能不活着，不能不爱”。然而，这种力量能够支持列文活下去，却并不能破解“死的奥秘”本身。

与“死的奥秘”形成对比而又神秘地联系在一起的，是“生的奥秘”。小说第 7 部第 14 章，焦急的列文等待着他与基蒂的孩子降生——

> 他继续忍耐着，因为除了忍耐没有别的办法；随时随刻都感觉着他已经达到了忍耐的极限，他的心马上就要痛苦得爆裂了。但是一分钟一分钟地过去，过了好几个钟头，又过了好几个钟头，而他的痛苦和惊惧也越发增长，越发紧张了。那种少了它就什么都不能想象的生活常轨，对列文来说已经不存在了。他失去了时间观念。……
>
> 他只知道和感觉到现在发生的，和一年

前在省城的旅馆里在他哥哥尼古拉临死的病床前所发生的情况很相似。不同的只是那是丧事而这是喜事。但是那件丧事和这件喜事一样，都越出了生活常轨；这些正像日常生活里的孔隙，透过这些孔隙隐隐约约露出了一种崇高的境界。而且，像那种情形一样，现在发生的一切都来得那么难过，痛苦，不可思议；在观看它的时候，也像那时一样，心灵翱翔而上，升到了从来也想不到的绝顶，那是理智所无法达到的。

“上帝，饶恕我们，救救我们吧！”他接连不断地暗自念诵，尽管他长期完全疏远了宗教，然而他正像童年和少年时代那样单纯而虔诚地向上帝祈求。[①]

列文感到，他必须为直面生死时的体验找到一个解释。生命的开端和终结，与生活中一切“常规”都是不同的。人们为了活下去，为了活得好，繁荣昌盛，就必须做各种各样的事，这些是日常，是有具体原因、可以理解的；然而，为

①《安娜・卡列宁娜》下册，《列夫・托尔斯泰文集》第10卷，第845—846页。

何生，为何死，这却与所有生活的具体问题不同，没有一个明确的理由，越是深入思考，就越是无法理解——

> 一春天他都茫然若失，经历了一段可怕的时刻。
>
> “不知道我是什么，我为什么在这里，是无法活下去的。但是这个我又不能知道，因此我活不下去。”列文自言自语。①

托尔斯泰在阿尔扎马斯的那个夜晚曾体验到的死亡，在《安娜·卡列宁娜》的最后12章里成为最重要的思想问题。正像托尔斯泰那样，列文“清楚地看到，在所有人面前，在他自己面前，除了痛苦、死亡和永远被世间忘却以外一无所有，于是他断定这样活下去是不可能的”；正像托尔斯泰那样，列文阅读，思考，他读遍“柏拉图、斯宾诺莎、康德、谢林、黑格尔和叔本华的著作”，却无法找到自己需要的答案；也正像托尔斯泰那样，列文继续生活下去，仍然能够在生

①《安娜·卡列宁娜》下册，《列夫·托尔斯泰文集》第10卷，第937页。

活中感到幸福——只要不思考那个根本的、生存的意义问题。《战争与和平》中朴素而完整的生活真理分崩离析了，生活中的幸福与生命的根本意义不再浑然一体，获得前者，也就不再意味着能够自然而然地把握后者。

屠格涅夫曾在托尔斯泰身上敏锐地洞察到的宗教气质，在《安娜·卡列宁娜》里表露出来。与《战争与和平》中乐观的、从生活整体中自然产生的信念不同，《安娜·卡列宁娜》得出的结论是需要追寻的信仰。列文最终为自己寻找到的是信仰善，信赖每个人在自己心中都拥有分清善恶的力量，但这不是对生活理性认识的结果，“我找寻我问题的答案。但是思想却不给予我的问题一个答复——生活本身给予了我这个答案，从而我认识了什么是善，什么是恶……”像《战争与和平》里的安德烈公爵那样，列文仰望天空，他的思绪却与安德烈全然不同，他听到理性的声音说，他看到的只是无边无际的、荒凉的空间，然而，“不论我怎样眯着眼睛和怎样使劲观看，我也不能不把它看成圆的和有限的……当我看到坚固的、蔚蓝色的穹隆的时候，我毫无疑问是对的，比我极目远眺的时候更正确”。[1] 随着小说临近尾声，托尔斯泰自我辩驳的情绪越来越强烈，最终结束于一声充满困惑的呼告，尽管历经痛苦，体会到了“新的情感”，但列文知道——

> 我照样还会跟车夫伊万发脾气，照样还会和人争论，照样还会不合时宜地发表自己的意见；在我心灵最神圣的地方和其他的人们，甚至和我的妻子之间仍然会有隔阂；为了我自己的恐惧我还会责备她，并且还会因此感到后悔；我的理智仍然不可能理解我为什么祈祷，但是我照样还会祈祷；但是现在我的生活，我的整个生活，不管什么事情临到我的身上，随时随刻，不但再也不会像从前那样没有意义，而且具有一种不可争辩的善的意义，而我是有权力把这种意义贯注到我的生活中去的！[2]

《安娜·卡列宁娜》的结束语之所以令人困

---

①《安娜·卡列宁娜》下册，《列夫·托尔斯泰文集》第 10 卷，第 950 页。

②《安娜·卡列宁娜》下册，《列夫·托尔斯泰文集》第 10 卷，第 970—971 页。

惑，是因为这里最终提出的信念与整部小说的悲剧基调并不相符，而这正是托尔斯泰在19世纪70年代体验到的“悲剧困惑”之反映。他追求善，信仰善，却不再能够像写《战争与和平》时那样全身心信赖生活本身的善意——能够这样相信的那个时代远去了。安娜与弗龙斯基的故事开始于火车站，也在那里结束，正像在托尔斯泰引为文学典范的英国作家狄更斯笔下那样，在《安娜·卡列宁娜》里，铁路成为正在来临的现代的象征——喧闹、忙碌、无情。俄国即将迎来一个更复杂、更迷惘、更狂乱、更激烈的时代。

第七章

复活（1877—1899）

《安娜·卡列宁娜》中的思想探索并未完成，这一点托尔斯泰自己也很清楚，他循着小说结束处指出的道路继续探索——把自己关在书房里，埋头读神学和哲学著作——法国作家勒南将神学世俗化的著作《耶稣传》、德国哲学家康德的伦理学名著《实践理性批判》，在笔记本上简要地写下评注和自己的思索。他开始感到有必要通过另一部作品来表达自己的观点，或许，是完成那部曾经计划过的，关于十二月党人的小说？他打算写一位被流放到萨马拉草原的十二月党人，写那里普通人民的生活，以此与尼古拉一世的腐朽宫廷对比。

托尔斯泰着手准备素材。1878 年初，他去莫斯科拜访两位仍然在世的老十二月党人斯维斯图诺夫和穆拉维约夫·阿伯斯托尔，又去圣彼得堡考察彼得－保罗要塞——十二月党人们曾经多年被关押在那里。彼得－保罗要塞的司令官迈捷利男爵在克里米亚战争期间曾经是托尔斯泰的长官，他领着托尔斯泰参观整个要塞——唯独曾关押十二月党人的阿列克谢耶夫三角堡除外，那里“任何人都可以进去，但只有警务大臣、要塞司令和沙皇陛下本人才能出来”。男爵绘声绘色地向托尔斯泰讲解要塞里是如何通过各种特别设施来关押囚犯的，比如为了防止囚犯通过敲墙来互通消息，就给墙壁蒙上毡子。托尔斯泰觉得男爵特别令人厌恶，20年后在《复活》里托尔斯泰以他为原型塑造出昏聩残暴的要塞司令克里格斯穆特男爵——

> 他在高加索工作过，那个他特别引以为荣的十字章就是在那儿得到的，因为那时候他统率着剪短头发和穿着军服的俄罗斯农民，使用枪支和刺刀，屠杀过一千多名保卫自己的自由、家乡、亲属的人。后来他在波兰工作，在那儿又驱使俄罗斯农民犯下许多各式各样的罪行，为此他又领到勋章和军服上的新装饰品。……他的职责就在于把男女

> 政治犯监禁在地牢和单人牢房里，而且把这些人囚禁得不出 10 年就死掉一半……[1]

虽然还没有到公开决裂的时刻，托尔斯泰对于统治机关——政府、宪兵、法庭、军队、教会，以及高踞于这一切之上的沙皇宫廷的憎恶已经十分强烈，每当不得不经过圣彼得堡伊萨基辅广场上的尼古拉一世塑像时，他总是鄙夷地转过脸去。相比之下，十二月党人们的精神力量则令他赞叹不已。别尔斯家的小弟弟斯捷潘记得，托尔斯泰曾经充满感情地提起一位十二月党人——近卫军上校卢宁的事迹。在流放地，这位苦役犯被锁在矿坑下的推车上，无论白天黑夜镣铐都不解开，在这样残酷的折磨下，他却仍然能每天以尖锐的讽刺嘲弄自己的看守们。[2] 然而，十二月党人的思想基础是西欧的进步主义，托尔斯泰感到自己既不能赞同他们，也无法使小说的设想与他本人的思考相协调，这部小说最终被永远搁置

---

①[俄]列夫·托尔斯泰，汝龙译：《复活》，《列夫·托尔斯泰文集》第 11 卷，第 329 页。

②斯捷潘·别尔斯：《回忆列·尼·托尔斯泰伯爵》，《同时代人回忆托尔斯泰》上册，第 270—271 页。

在一旁。

1878 年的初春，也许是创作的困境，也许只是春天的气息，让托尔斯泰想起了正在巴黎的屠格涅夫。二人不见面、不通信，已经快要 17 年了。他知道屠格涅夫一直关注着自己的创作，在一封封信里将自己的批评意见写给费特还有其他朋友——屠格涅夫清楚，他们会将这些不乏真知灼见的建议忠实地转述给托尔斯泰。通过这些朋友，托尔斯泰也一直听到屠格涅夫的消息。如今检视自己的内心，托尔斯泰意识到，当年曾促使自己与屠格涅夫决裂的情绪早已涣然冰释，他提起笔来，写了 17 年来的第一封信。一个多月后，这封信到了屠格涅夫手中——

> 近来在回顾我与您之间的关系的时候，我又惊奇又高兴，我感到，我现在对您已毫无敌意。希望您也同我一样有这种感受。如果是这样，那么就让我们彼此伸出手来，并请您彻底地原谅我从前对不起您的一切地方。我记得，我能在文学界享有盛名是完全多亏您的帮助，我也记得，您是多么喜爱我的创作和我本人。也许您也可以找到关于我的同样良好的回忆，因为我也曾有个时候真

诚地热爱过您。我现在真诚地（如果您能原谅我的话）向您献出我所能献出的全部友谊。……①

屠格涅夫读着信，哭了。他立刻回信。这年夏天，屠格涅夫来到雅斯纳亚·波良纳做客，久别重逢，分歧虽依然存在，友谊却已恢复。此后几年里，他们通信不断。1882 年 5 月初，屠格涅夫已经病危的消息传到莫斯科，托尔斯泰情急之下准备出国去巴黎探望，不久后收到屠格涅夫报平安的来信这才作罢。“我大概还能生活很久，”屠格涅夫在信里说，“您也要长久地生活下去，这不仅是为了生就是好事，而且是为了完成您所担负的、而且除您之外我们别无他人能够担负的那种事业……”② 他以为自己的胸痛是得了风湿，但其实是癌症。屠格涅夫病情迅速恶化。一年后，托尔斯泰收到屠格涅夫在临终的病榻上亲手写来的最后一封信——

亲切而敬爱的列夫·尼古拉耶维奇！我很

---

①1878 年 4 月 6 日的信，《托尔斯泰文学书简》，第 184—185 页。

②1882 年 5 月 14 日的信，《托尔斯泰文学书简》，第 207 页。

久没有给您写信了，因为我过去和现在——直说吧——都处在生死边缘。我不可能康复，所以也就用不着去想它了。我现在给您写信，是要告诉您，能成为您的同时代人，我感到多么高兴；是要向您表达我真诚的最后的请求：我的朋友，请回到文学事业上来吧！因为您的才能是上天赋予的。啊，要是我能想到，我的请求能真正对您起作用的话，我该多么幸福呀！……我的朋友，俄国大地上的伟大作家，请听从我的请求吧！如果您收到这纸便条，请给我个回信。让我再一次紧紧地、紧紧地拥抱您、您的夫人、您的全家。我不能再写下去了，我太累了。①

托尔斯泰一遍又一遍地重读屠格涅夫的作品，久久地回忆着他。② 青年时的文学界朋友，如今还在世的已经不多。《现代人》的帕纳耶夫 1862 年就已去世；德鲁日宁死于 1864 年，当时

①1883 年 6 月末的信，《屠格涅夫全集》第 12 卷，第 634—635 页。

②1883 年 9 月 30 日的信，《列夫·托尔斯泰文集》第 16 卷，第 170 页。

才40岁；博特金曾为《战争与和平》热情欢呼，在小说竣稿的那一年去世；接下来那一年，赫尔岑逝世；涅克拉索夫1878年也去世了；还有陀思妥耶夫斯基，写出《罪与罚》《卡拉马佐夫兄弟》和《群魔》的这位伟大作家，就在前年刚刚猝然离世，托尔斯泰一直对他十分钦佩，两人却从未有机会见面。如今，屠格涅夫的死似乎象征着整整一代俄国作家的逝去。回顾30年的交往，托尔斯泰终于明白了这位友人的价值。年轻急躁时，他曾因为观点分歧怀疑过屠格涅夫的道德真诚，而今他明白自己错了。“爱和自我牺牲……是他的生活和写作的动力。”托尔斯泰在给屠格涅夫的传记作者佩平的信中写道，“我一直喜欢他……他能很好地说出他想到和感受到的许多东西。正因如此，屠格涅夫对我们的文学产生了最为良好而有益的影响。他生活，他探索，并且在自己作品中写出了他寻求到的一切。他不把才华（描写的技巧）用来掩饰自己的心灵，如同过去和现在有些人做的那样，而是用它来袒露整个心灵。他无所畏惧”。[①] 托尔斯泰以自己最看重的品质——

①1884年1月10日的信，《列夫·托尔斯泰文集》第16卷，第172页。

爱、牺牲、真诚和勇气来作为屠格涅夫的悼词。尽管十分反感在公众面前发言，他却想在屠格涅夫的纪念仪式上讲话，然而，托尔斯泰此时已成为当局畏惧和防范的对象，仪式终于没能举行。

沙皇政府对托尔斯泰的戒心由来已久，这个政府在日益高涨的革命面前自知虚弱，总是惴惴不安地提防着有离经叛道倾向的知识分子。在先前那些年里，托尔斯泰的写作较少涉及具体的社会问题，生活中也经常回避亲身参与公共事务——在《安娜·卡列宁娜》里他透过列文的观察讽刺地描写了卡申省贵族的选举会议，表明了自己与之格格不入的态度。然而，最近几年他的思想转变和精神探索却渐渐将他引上了另一个方向。自从放弃写作《十二月党人》以来，托尔斯泰将思考的中心转到神学领域，他俯首书堆，钻研《圣经》，为了准确理解《福音书》学习希伯来语。在朋友们看来，托尔斯泰日益沉默寡言，信写得也少了。大家猜测，托尔斯泰就像以往那样，正在准备新的创作——确是如此，但并非人们等待的长篇小说，而是一系列关于宗教和社会问题的论文集，他要在这些著作里归纳和总结自己精神的觉醒，写出新的信仰。

正当托尔斯泰在书房中苦读深思、埋头写作时，俄国历史上前所未有的事件发生了。1881 年 3 月 2 日，托尔斯泰在雅斯纳亚·波良纳附近的大路上散步。时当初春，春汛将道路变得泥泞难行。托尔斯泰看见一个年轻人艰难地慢慢走近，隔着老远向自己致意，这是从省城来的一位游唱歌手。“伯爵，出大事了！”年轻人嚷道，“陛下遇刺了！”

“什么陛下？哪个陛下？”托尔斯泰震惊不已，“谁杀的？什么时候的事？”

“俄国的沙皇陛下！在圣彼得堡，炸弹！”

第二天从图拉送来了报纸，托尔斯泰一行行地读着难以置信的消息。前天，1881 年 3 月 1 日，亚历山大二世按惯例在圣彼得堡的米哈伊洛夫斯基宫检阅军队操练，随后乘马车返回冬宫。下午两点一刻，御驾正沿着狭长的叶卡捷琳娜运河河堤驶向涅瓦大街，从人群中突然冲出一位青年，他掷出的炸弹落在马蹄下，猛烈的爆炸摇撼了马车，车里的人却并未受伤。沙皇步出车厢，环顾人群，高声喊道：“上帝保佑！我安然无恙！”正在这时，另一名刺客向他投来第二枚炸弹——“别过早感谢上帝！”炸弹在沙皇的脚边爆炸，20 多人顿时应声倒在血泊中。奄奄一息、失去了双腿、只剩下半具残缺躯体的亚历山大二世被匆匆送回冬宫。下午三点半，冬宫降下了皇旗。沙皇死了。

亚历山大二世，这位昔日的“解放者”沙皇，目睹专制统治在社会变革的急流中摇摇欲坠，曾拼命维护自己的王朝，如今被历史的风暴吹走了。俄国革命者的激进团体——民意党，认定只有政治革命才能带来俄国社会急需的全面变革，而刺杀专制统治的魁首在他们看来是引发革命的必要手段，在连续 6 次失败的“猎杀”之后，终于取得了成功。俄国历史上不乏被少数宫廷贵族发起的政变推翻乃至杀害的君主，但亚历山大二世是第一位死于革命的沙皇。他留下的王朝还能再勉强维持几十年，但在 1881 年 3 月 1 日，丧钟已经敲响，俄国社会上上下下的人们都听到了它。

这一天，13 岁的马克西姆·高尔基正在下诺夫哥罗德的一个制图师家里当学徒，在自传小说《在人间》里，他描写了沙皇之死给那座城市里普通人带来的震撼——消息传来已是深夜，人们正要入睡。突然响起了低沉的、阴森森的钟声，马克西姆奔上顶楼，从天窗爬到屋顶上向黑暗的街道望去。积雪还没有融化，人们踏在雪地上的步履声、雪橇疾驰而过的声响，与一直在骚动着的、不祥的钟声混成一片。师傅沉着脸，急匆匆走进家门，粗声说："沙皇给暗杀了！"每个人心头顿时都闪过掺杂着慌乱与恐怖的念头——"现在……会怎样？"①

民意党人希望通过刺杀打断沙皇统治的脊梁，激发社会各阶层起来革命，这最终证明是不切实际的。人们惊慌失措，但民意党人期待的全面起义并未爆发。看到人民并没有响应"造反"，政府决定严厉镇压。直接参与刺杀的民意党人很快被捕，经过仓促审讯，5人被判处死刑。

托尔斯泰在雅斯纳亚·波良纳思考着正在发生的一切，他感到俄国正处在决定命运的十字路口，从僻静的乡间，他上书新沙皇亚历山大三世——

> 革命者是些什么人呢？他们敌视现存秩序，认为它是不好的，想要为将来较好的秩

①［苏］高尔基，楼适夷译：《在人间》，《高尔基文集》第15卷，北京：人民文学出版社，1981年版，第427—429页。

序建立基础。用杀头消灭他们的方法是无法同他们斗争的。……[①]

托尔斯泰直面俄国的最高统治者，说出自己对专制统治的异见。他清楚地指出，民意党人之所以刺杀亚历山大二世，并非是因为和这位沙皇有任何私人恩怨，而是“为了某种全人类的崇高利益”——这种崇高利益，在别人看来或许是虚幻的，但对于革命者来说，却是真切实在的，是他们行动的道德基础。“要找出促使革命者去暗杀的诱因绝非难事。人满为患的西伯利亚、监狱、战争、绞架、人民的赤贫、亵渎行为、为官的贪婪和残暴——这些都是真正的罪恶根源。”[②] 处死民意党人，最终只会引起革命更猛烈的回归——而无论是革命的暴力还是反革命的暴力，在此时的托尔斯泰看来，都是与《圣经》教诲相违背的恶。正是基于这种立场，他吁求沙皇宽大为怀，以基督徒的仁慈宽恕民意党人，让“神的旨意”超越

①1881 年 3 月 8 日至 15 日的信，《列夫·托尔斯泰文集》第 16 卷，第 161 页。

②1881 年 6 月 1 日至 5 日的信，《列夫·托尔斯泰文集》第 16 卷，第 165 页。

以牙还牙的逻辑，将俄国从“反革命—革命”的循环中拯救出来。亚历山大三世显然不可能接受托尔斯泰的请求。1881年4月3日，5名民意党人在圣彼得堡的谢苗诺夫校场被绞死。

在深深的愤怒沮丧之中，托尔斯泰收到宗教事务局总检察官波贝多诺斯采夫的来信。这位极端保守的法学家曾任亚历山大三世的太傅，如今是沙皇的重臣。波贝多诺斯采夫在信中斥责托尔斯泰的信仰是不正当的——“当我读你的上书时，我看出自己的信仰与你的毫无共同之处，我的教会不是你的教会，我崇信的基督亦非你的基督。我的基督手握真理，有治愈病者的大力，而你的基督软弱不堪，自己就亟待医治！”①

思想僵硬的波贝多诺斯采夫仿佛是托尔斯泰痛恨的一切反动事物的象征——作为亚历山大三世统治时期的主要理论家，他反对自亚历山大二世以来的改革潮流，认为国家的最高目标是“法律、秩序、安定、团结”，而这一切只有通过专制统治和东正教会才能实现。倒行逆施、令人窒

①1881年6月15日的信，转引自 Henri Troyat, *Tolsto*, P406。

息的时代开始了。沙皇颁布法令，授予各地官员以几乎无限的权力，进步刊物被取缔，大学的自治被取消，学生社团也被禁止，“军事法庭草率地搜查、逮捕、监禁、流放和判决成为司空见惯的事情”①。一个人仿佛必须停止思考，认可统治者的一切胡作非为，不然就要受到迫害，著名哲学家索洛维约夫就因为曾经和托尔斯泰一样呼吁沙皇赦免民意党人，竟被逐出圣彼得堡大学，永远禁止公开发言。托尔斯泰感到，自己青年时代熟悉的斯拉夫派主张中最荒谬可笑的东西，如今正趾高气扬，招摇过市——

> 阿克萨科夫天真地相信，人民的理想就是专制制度和东正教。……一种形式，而且是一种糟糕的形式，又是一种充分暴露了自己的腐朽无用的形式，如何能成为理想呢？这倒要请教阿克萨科夫了。希腊—俄国—约瑟夫派教义的外在宗教形式，而且是已经变得腐朽无用的形式，又怎么能成为人民的理想呢？这也要请教阿克萨科夫。这种说法简

①梁赞诺夫斯基：《俄罗斯史》，第 360 页。

直愚蠢得叫人不好意思反驳。……①

俄国人民的理想绝不是高高在上的政府和教会，那么，人民的理想是什么？还得到人民中去寻找！1881 年 6 月 10 日，托尔斯泰起了个大早，穿上农民的树皮鞋、短上衫和白色长衣，自己背着包裹，和两名同伴一起步行走向卡卢加省的奥普京修道院。步行朝圣是俄国的古老传统，在雅斯纳亚·波良纳附近的道路上，每年都有成百上千朝圣者走过，托尔斯泰在作品中描写过他们，如今他自己也成了其中的一员。时不时有人认出伯爵，惊异不已，托尔斯泰却十分自然。他毫无伯爵的架子，在炎炎夏日下走过一座座村庄，在农民的屋子里借宿，睡在干草褥子上面。第四天傍晚，他们抵达奥普京修道院。这是东正教最大的修道院，俄国宗教朝圣的中心。4 年以前，托尔斯泰曾拜访过这里。这一次，修道士们没有认出身着普通农民服装的托尔斯泰，不让他进整洁的大饭厅，而让他和赤贫的乞丐们一起吃饭。这却更合乎托尔斯泰的心意。晚间，他和普通老百

①1881 年 5 月 26 日的信，《列夫·托尔斯泰文集》第 16 卷，第 162—163 页。

姓一样，在修道院经营的下等旅馆过夜。次日上午，修道院长终于听说伯爵已经来了。修道士们找到托尔斯泰，恳求他搬进更清洁舒适的住处。在奥普京修道院停留了两天，托尔斯泰返回雅斯纳亚·波良纳。奥普京之行加深了他对于教会制度的不信任，等级分明的修道院，荒谬呆板的仪式，既无学识又无虔敬之心的僧侣，都让他感到与《圣经》中的崇高教诲毫无共同之处，反而是来自俄国各地、单纯质朴的朝圣者们让他领会到植根于人民情感深处的信仰。将近10年后，托尔斯泰写道，在奥普京修道院，自己看见普通人对“上帝和人”真诚炽热的爱，同时也看见另一些人，沉迷于宗教的形式，以为“每天在教堂里站上几小时，领圣餐，为别人和自己祝福”就是献身于上帝，其实，这不过是另一种形式的麻木不仁，“丧失了爱的活力”，用外表代替实质——“我对这些迷信活动不能不表示深恶痛绝。……真理是普遍的、全人类的、放之四海而皆准的，而迷信则是利己的。”①

①1890年3月25日的信，《列夫·托尔斯泰文集》第16卷，第223页。

托尔斯泰为自己建立的信仰，与教会上层所宣扬的、沙皇借以维护统治的东正教全无共同之处——“应该学会把适合于所有人的普遍真理和只有某些人才认为是真理的真理区别开来”，前者是每个人在自己心中都可以找到的善恶是非观念，是谦卑、贫穷的生活，是纯洁的爱，而后者则是一时一地的主张，是仪式、教条和迷信。他回忆起《战争与和平》里安德烈公爵的话——“光是我对自己的一切都知道是不够的，要让大家都知道……要我的生活影响所有的人，所有的人都和我一起生活！”[①] 就是现在，将自己领悟的真理写出来，让所有人知道！他怀着迸发的激情奋笔疾书，这一次，不再通过文学形象和故事情节，而要用简洁、准确的论说文。1882 年 5 月，他将一篇长文交给《俄国思想》发表。著作立即被当局查禁，却通过地下印刷厂流传到俄罗斯的每一处角落。这就是《忏悔录》。

《忏悔录》共 16 章。这部著作，并非小说，却是比任何小说更和谐、完整的心灵故事。在前

---

①《战争与和平》第 2 册，《列夫·托尔斯泰文集》第 6 卷，第 528 页。

3章里，托尔斯泰扼要地叙述了自己从青少年时代直到写作《安娜·卡列宁娜》时的精神史，仿效卢梭和圣奥古斯丁，他袒露自己的灵魂，以新的思想原则为准绳，严厉地批判自己的错误，从而展现心灵觉醒的必然性。作品的重心是讲述托尔斯泰自1877年以来对信仰的追寻。第4至12章，如同列文写下的笔记，直接呼应着《安娜·卡列宁娜》的结尾部分。托尔斯泰以清醒的文字写下那些曾如此折磨他的思想：他在人类的一切理性知识——自然科学与哲学沉思中搜寻，找到的答案却总是"生命毫无意义"。然而，托尔斯泰的心灵却提醒自己，在这种认识中包含的对生命的否定是不可接受的，是不正确的。从孤独绝望中，他抬起头来，望见从远古以来一代代生活过的、无穷广大的人们——

> 我感到，如果我想活下去并理解生命的意义，我就……应该向亿万前人和今人，构成生活并把自己的与我们的生活担在肩上的人那儿去寻找生命的意义。……
>
> 根据合乎理性的认识得出的结论是：生命即恶，人们知道这一点，死取决于人，而

> 人们一直生存着，现在仍然生存着。虽然我早就知道生命毫无意义，而且是一种恶，我自己也一直生存着。根据宗教得出的结论是：为了理解生命的意义，我应该抛弃理智，然而正是理智需要明确生命的意义。①

看似合乎逻辑与理性的论断，恰恰与千百万人民每天过着的、有意义的、充实的生活形成对立，托尔斯泰被尖锐的矛盾折磨着，他终于恍然大悟——

> 创造生活的劳动人民的行动在我看来是唯一真正的事业。我明白了，这种生活所具有的意义是真理，所以我就接受了它。……
>
> 确信只有通过生存才能取得对真理的认识，使我怀疑我的生存的正确性。我终于冲破自己的特殊性，看到平凡的劳动人民的真正生活，并且懂得只有它是真正的生活，我才得救了。我懂了，如果我要理解生命和它的意义，我就不能过寄生虫的生活，而应该过一种真正的生活。只有接受了真正的人类

---

①《忏悔录》,《列夫·托尔斯泰文集》第 15 卷,第 36—37 页。

赋予生命的意义，并与这种生命融合之后，我才能检验这意义是否正确。

于是来到了《安娜·卡列宁娜》结尾处的思想结论，与5年前不同的是，托尔斯泰在那时还模模糊糊，只是隐约感到的东西，在《忏悔录》中变得清晰、明确了——

我回复到能够从全人类在我所不了解的远古时代为自己制定的指导原则中找到这一意志的表现，也就是说，我恢复了对上帝，对道德完善，对表现了生命意义的传说的信仰。区别仅仅在于，以前这一切都是不自觉地被接受的，而现在我认识到，如果没有这一切，我便不能生活。

虽经彷徨苦闷，但托尔斯泰毕竟是对生活的伟大赞颂者，他曾一步步走进绝望的幽谷，如今重又返回人间。在《忏悔录》的最后4章里，托尔斯泰阐明了自己的思想原则：要热爱生活，而不是厌弃它；努力让信仰合乎清晰的理性，而不是安于迷信和仪式；最重要的，超越于离群索居的、有限的个人生活，与人类永恒的生命之流合为一体。写成《忏悔录》后，他继续撰写《教条神学批判》和《四福音书译注》，以神学的形式完整阐述自己的信念。

基督教，当它还只是古罗马帝国边陲一小群穷苦奴隶的信仰时，也许更接近托尔斯泰此时赋予它的形式；而如今，当被压迫者们创立的教会早已成为压迫者们的统治支柱时，托尔斯泰的信念只能引起毫无妥协余地的决裂。正如他预料的，这几部神学著作均被宗教审查机关查禁，而俄国东正教会也只是由于敬畏这位伟大作家的声名，而暂时不敢采取最后的措施——将他革出教门。然而，“一个思想，如果是真正的思想，绝不会消失”。①

托尔斯泰此时要对抗的，已不再仅仅是教会而已。正如奥地利作家茨威格敏锐指出的那样，托尔斯泰为自己提出的问题：“我应该如何生活？”最终必然会成为面向所有人的一个责令：“你们应该这样活着！”② 而这一责令，当它触及俄国沉重黑暗的现实时，便会成为一个更严厉的

---

①《一个基督徒的笔记》，《列夫·托尔斯泰文集》第 17 卷，第 117 页。

②［奥］茨威格，高中甫译：《作为宗教思想家和社会思想家的托尔斯泰》，《茨威格文集》第 6 卷，西安：陕西人民出版社，1998 年版，第 147 页。

谴责："你们不能再这么活着!"1881 年 12 月一个寒冷有风的日子，托尔斯泰只身一人走进莫斯科贫民窟的中心希特罗夫市场，城市贫民的惨状令他感到深深的内疚——他想起 20 多年前在巴黎目睹过的死刑，那次被杀的只是一个人，而如今成千上万人就在他眼前挨饿受冻，含羞忍辱，被一点一点地慢慢杀死。"不能这样生活！不能这样生活！不能!"他用 4 年时间调查、思考，在 1885 年底写成 15 万字的论文《那么我们应该怎么办》。这是托尔斯泰第一部直接论述社会问题的著作。著作的一部分是生动的叙述，像狄更斯和陀思妥耶夫斯基曾做过的那样，托尔斯泰描摹出一幅幅场景和人像，将近代社会发展中那些被踩在底层的、"被侮辱与被损害的"人们展现在读者眼前；在另一部分，他则将自己的道德信念发展为明确的社会观念——所有这些不幸的根源，在于社会有组织的压迫和经济的剥削，在于像鸿沟一样将人与人分离、隔绝的私有制度。这一制度是不正义的，必须废除，"应该这么办"!

在写作神学和政论著作的同时，托尔斯泰并未忘记文学创作。然而，文学的意义和作用对他而言已经改变了。"不能再这样生活"的主题鲜

明地表现在这一时期的代表作——1886 年发表的《伊万·伊利奇之死》中。小说主人公伊万·伊利奇·戈洛温的原型是生活中真实的人物——1881 年 7 月去世的图拉地区法院委员伊万·伊利奇·梅奇尼科夫。托尔斯泰曾经从朋友那里听到这位庸庸碌碌的司法官员临终前对自己虚度一生的感言。在托尔斯泰的笔下，空泛的悔恨被转变为明确的批判。《伊万·伊利奇之死》全篇围绕着一个明确的主旨展开——批判俄国统治阶级的人们所过的那种“不对头”的生活，“最简单，最平常，但也是最可怕的”生活。过着这种生活的高级官员伊万·伊利奇出身世家，从早年起便奉行一套可以确保人生成功的原则——“凡是身居最高地位的人认为是职责的一切，他无不认为是自己的职责。”换句话说，这是一位无条件接受社会中占主流地位的价值观、一心只求功名富贵的人物，是俄国统治阶级中处处可见的庸人。正是这样一个人物，当意识到自己身染沉疴、寿数将尽时，他的精神世界崩塌了，之前那些曾让他享尽成功的信条再也应付不了突然变得如此可怕的现实——

在内心深处，伊万·伊利奇知道他快要

死了，但是他对这种想法不仅不习惯，而且简直不明白，怎么也弄不明白这一点。[①]

伊万·伊利奇并不是皮埃尔或列文，更不是托尔斯泰，他无法清晰地理解，更无法反思死亡向自己提出的巨大疑问；他只能凭借残存的求生本能拼命挣扎，折磨自己和身边的人，偶尔，一个念头从他心头闪过——

> “但是哪怕能明白这是为什么呢！那也办不到。如果说我生活得不对头，那倒也是一种解释。但就是这点没法承认”，他自言自语道，想起自己毕生奉公守法、循规蹈矩和品行端正……

直到临终前夜，他才突然领悟到，是的，正是如此！“他想到过去他觉得是完全不可能的事，就是他的一生过得不对头，——也许这是真的。”可是一切都已无可挽回。太迟了！在痛苦的悔恨中，伊万·伊利奇死了。

《伊万·伊利奇之死》比起托尔斯泰之前的

①[俄]列夫·托尔斯泰，臧仲伦译：《伊万·伊利奇之死》，《列夫·托尔斯泰文集》第4卷，第80页、100页。

小说表现出许多新的特点。在过去的小说里，他如同一个迷失在丛林中、苦苦试探道路的人，跟随着每一处拐角闪出的亮光，试着确定真理；而如今，他的叙述变得更凝练，更省净，主旨更为明确——穷尽自己找到的真理的可能性，并在它与庸庸碌碌、充满错误的生活的对比中，揭示它的必然性。小说结尾，死亡最终向伊万·伊利奇揭示了生活的真理，而这正是托尔斯泰想要通过作品传达的——不能再继续错误的生活！

《伊万·伊利奇之死》是一篇向俄国中上层社会的读者们揭示其生活不合理性的作品。与此同时，托尔斯泰将主要精力投入到为普通人民的创作中，他返回到编写《识字课本》时熟悉的风格，运用已有的、适合的素材，重新创作出质朴、优美、寓意深刻的故事。1885—1886 年间，在新成立的媒介出版社协助下，托尔斯泰发表了一系列这样的故事——《两兄弟和一堆金币》《纵火容易灭火难》《两个老头》《傻子伊万的故事》《三位长老》《忏悔的罪人》《一个人是否需要很多土地》《教子》《雇工叶梅利扬和空大鼓》。这组故事取材于俄罗斯民间传说和训诫，结构简约，全无雕饰，将民间文学的形式与内在的、崇高的道德主旨完美融合，让人想起俄罗斯宗教美术的最高成就——安德烈·鲁勃廖夫的圣像画作。这正是托尔斯泰心目中文学艺术的真正价值所在，“如果能讲出一些美好的、新颖的东西，如果这些对人民的幸福、对千百万劳动者确实有用，只有那时才可以写作！”①

1880年代，通过论说文，托尔斯泰不断阐释和深化自己的观点，人们开始将他的思想称作“托尔斯泰主义”。无论是在莫斯科城里织工巷（现在的托尔斯泰街）的宅子，还是回到雅斯纳亚·波良纳，他的客厅里总是有各式各样的来访者，信件也从世界各地飞来。人们向托尔斯泰求教，或反过来自告奋勇地提出建议，对他的思想表示认同或疑问……然而，托尔斯泰并不希望充当任何人的“导师”。他在日记中写道，对于那些想要“按照托尔斯泰的信念”来生活的人，他宁可劝他们按自己的信念来生活——“人们最需要的是养成自己的信念，弄清它究竟是什么，然

---

①尼古拉·尼基提奇·伊万诺夫:《1886年在莫斯科列·尼·托尔斯泰的家中》,《同时代人回忆托尔斯泰》上册，第551页。

后凭着它去生活，而不是像一般人那样，把与自己无关的、难以企及的信念拿来当作自己的信念，然后过一种没有信念的生活。”①

对于托尔斯泰来说，“信念”从不是一成不变的词句，而是贯穿于活生生的生命历程之中，这也就意味着需要在千变万化的生活样式中去考验它们。作为一个文学家，托尔斯泰不仅在自己的生活中去努力探索，赋予时间之流以意义，同时也在理论思考和艺术想象中这样做。两篇创作于 1887—1890 年之间的小说《克莱采奏鸣曲》和《魔鬼》，便是托尔斯泰对于善恶问题的进一步思索。与《伊万·伊利奇之死》中孤独面对个人肉体死亡的主题不同，这两篇小说探讨的是在男女两性的关系中心灵的毁灭。托尔斯泰追问：如果在这种关系中只有欲望的因素，结果将会如何？随着情节的进展，他无情地、一幕幕地揭示在他看来是必然的结局——人性的泯灭。这既是对《安娜·卡列宁娜》中曾提出过的命题的进一步发展，同时也预示着他将要创作的第三部，也是

①1888 年 11 月 23 日的日记，《列夫·托尔斯泰文集》第 17 卷，第 132 页。

最后一部长篇小说《复活》的诞生。

《复活》的故事原型来源于托尔斯泰的朋友科尼，这是一位开明的法学家，在俄国司法部门担任刑事上诉厅的总检察长，凭借这个职务，他曾经多次在托尔斯泰与沙皇当局之间冲突时伸出援手，同时，也由于这个职务，他得以接触到社会各阶层形形色色的人物，经常将他们的故事转述给托尔斯泰。1887 年 6 月，科尼前来雅斯纳亚·波良纳拜访，向托尔斯泰讲起自己经手的一桩案件：有一位出身俄国古老贵族家庭、受过良好教养的青年，偶然在担任区法庭陪审员时发现，正在受审的一名妓女原来正是他青年时曾抛弃的姑娘，而自己昔日的行为正是她堕落的原因。在良心的煎熬下，他决定抛弃自己的一切，与她结婚，赎回自己的罪过。托尔斯泰十分专注地听了这个故事，建议科尼将它写出来——“这应该由您来写!”科尼答道。[①] “科尼的故事”深深吸引着托尔斯泰。1890 年 2 月，写完《克莱采奏鸣曲》后，托尔斯泰回到这个主题上，开始构

①阿纳托利·费奥多罗维奇·科尼:《列夫·尼古拉耶维奇·托尔斯泰》,《同时代人回忆托尔斯泰》下册，第 285—290 页。

思出主要情节。① 为了准确描写，他去图拉旁听法庭审讯，着手核对必需的细节。然而，突然出现的意外情况打断了他的创作，使得这部小说断断续续，写了将近10年才最终完成。

1891年初夏，坏消息接连不断地从各地传来，严重的饥荒席卷了俄国。托尔斯泰在喀山时结识的老友拉耶夫斯基，这时正担任县议会的议员，劝说托尔斯泰参加赈灾工作。9月19日，托尔斯泰去谢尔盖哥哥的庄园皮罗戈沃考察，灾荒的规模令他大吃一惊，他立刻动身去梁赞省，拉耶夫斯基正在那里奋力奔走，试图从饥饿中拯救尽可能多的人。在那里，他们二人合作，用募集来的钱款一个村一个村地为灾民建起公共食堂。11月的一天，拉耶夫斯基从区里开会回来，此时大雪纷飞，他在路上遇到一群饥民，便将马车让给他们，自己下车步行，雪水浸透了他的靴子。第二天，他感到身体很不舒服，但仍出门工作。没想到病势突然恶化，11月26日，拉耶夫斯基去世。托尔斯泰青年时代的这位朋友已经“在垂

①1890年2月11日的日记，《列夫·托尔斯泰文集》第17卷，第155页。

暮之年实践了年轻时许下的诺言”，现在轮到他了。他住在拉耶夫斯基留下的小房间里——只有一张小铁床，一个写字台，一个书架，顽强地将工作继续下去。灾荒一直持续了 2 年，直到 1893 年收成转好才逐渐结束。这两年间，托尔斯泰组织起 246 座成人食堂和 124 座儿童食堂，让 15000 人有饭吃。正当托尔斯泰全神贯注于赈灾工作时，迫害的网正在向他收紧。在教会的指令下，神父们在布道坛上散布各式各样的流言蜚语，说托尔斯泰伯爵是“魔鬼的仆人”，从他手中接受救济就得下地狱。更严重的事情发生在 1892 年 2 月，托尔斯泰将一篇已经通过审查、删去了斥责政府内容的文章交给英国的《每日电讯报》发表，由于疏忽大意，《每日电讯报》没有从英语译文中相应删去俄国审查官禁止的部分，而是全文发表了托尔斯泰的文章。这引起亚历山大三世的震怒。总检察官波贝多诺斯采夫把持的《莫斯科报》更趁机火上浇油，将《每日电讯报》的英译文又重新译回俄语发表，以显示托尔斯泰的罪行。一时间谣言蜂起，传说当局准备逮捕托尔斯泰，将他软禁在雅斯纳亚·波良纳，或者驱逐出国，甚至有人悄悄提起莫斯科东北阴森可怕的苏兹达尔修道院——俄国的巴士底狱。

托尔斯泰不会从自己认识到的真理中后退，这是每个人都能预料到的。他将两年多来的思考写成《天国就在你们心里》，痛斥沙皇的整个统治制度，特别是其最后的支柱——军队，全都充满暴行、谎言和不义，号召每个人都摈弃这一制度。他的道德信念如今已发展为明确的社会政治立场，与统治者彻底决裂。但沙皇对“托尔斯泰派”的迫害愈演愈烈，许多人仅仅因为阅读托尔斯泰的著作，便被沙皇的宪兵逮捕、监禁和折磨；[1] 但亚历山大三世最终决定不去触动托尔斯泰本人——并非出于仁慈，而是不愿意让他成为烈士，从而激起更强烈的反抗。

亚历山大三世，这位留着长须、身材魁梧的君主，如今已在沙皇宝座上坐了13年。由于害怕革命者的暗杀，他不敢像历代沙皇那样住在冬宫，而是长年隐居在圣彼得堡西南警卫森严的行宫加特契纳，由此他被嘲弄地称作“革命的俘

①1896年4月20日的信，《列夫·托尔斯泰文集》第16卷，第263页。

虏"。遵照波贝多诺斯采夫的教诲，沙皇每晚亲手锁门，甚至亲自查看"家具下面是否一切正常"。像许多沙皇都曾经历过的那样，恐惧一点点地侵蚀着亚历山大三世的灵魂，最后，沙皇像俄国最底层的农夫一样沉湎于酗酒的恶习，除了尽可能延续自己的统治，不再有任何信念。末日终于到来，1894 年 10 月 20 日，49 岁的亚历山大三世死了。俄国的最后一位沙皇——与曾祖父同名的尼古拉二世继位。与他的父亲一样，新沙皇也是波贝多诺斯采夫忠实的学生，他即位后的第一次讲演立即打消了人们对他的幻想——

> 据朕所知，在一些地方自治议会中，一些被不切实际的梦想冲昏了头脑的人们最近大叫大嚷，说什么地方自治议会的代表理应参与国家管理。你们应该明白，为了人民的福祉，我将会奉献我的全部力量，我将会坚定不移地，正如我那刚刚去世的父亲一样维护独裁统治的原则。①

沙皇对神圣君权的想象不过是一厢情愿而已。1891—1892 年间的饥荒夺去了 50 万人的生

①梁赞诺夫斯基:《俄罗斯史》，第 366 页。

命，震撼了俄国社会的根基，也标志着亚历山大三世统治时期死寂局面的终结，自由主义、民粹主义和在之前10年逐步传播开的马克思主义成了俄国社会运动的主要力量，尼古拉二世的俄国成了激烈斗争的舞台，天翻地覆的时代即将到来。

托尔斯泰继续沿着自己的道路前进，1895年初，他写成《主人和雇工》。按照文学史家的意见，这篇作品将两种风格——小说中的精细描写与民间故事的朴素叙述完美融合在一起，标志着托尔斯泰叙事艺术的进一步发展。在思想立场上，《主人和雇工》也是一个新的起点。小说同样以人在死亡面前心灵觉醒为主题，但与《伊万·伊利奇之死》不同，小说中的主人公布列胡诺夫在濒临死亡的时刻牺牲了自我，从暴风雪中拯救了自己的雇工尼基塔，从而获得了救赎——

> “过去我不懂，那么现在我懂了。现在不会错了。现在我懂。”他又听见刚才呼唤过他的那个人在喊他。“我来了，我来了！”他的整个身心都在快乐地、感动地说。他觉得他自由了，再也没有什么东西束缚他了。[1]

---

①《主人和雇工》,《列夫·托尔斯泰文集》第4卷,第293页。

为他人牺牲自我来融入人类整体，成为托尔斯泰创作中的一个核心思想，他将这一主题纳入《复活》的构思中。1895年里，他陆续写出小说的片段，念给朋友们听。朋友们——包括年轻的作家安东·契诃夫，都称赞小说的艺术成就，托尔斯泰却觉得创作陷入了前所未有的困境。困难主要在于，迄今为止，他在全部创作中生动地刻画过各种尚未找到信仰的人物，描写过追寻信仰的艰难历程，也写过精神觉醒的奇迹时刻，但还从未写过心灵获得新生之后、在新的信仰指导下的生活。与简短的寓言故事和充满启示气息的《主人和雇工》不同，在一部长篇小说中，托尔斯泰必须细致地描绘自己的信念在其中展开的、无穷无尽的日常生活，在生活丰富的侧面中具体地展现一个实现了自我救赎的主人公，而对于这些，他在思想上没有把握。托尔斯泰只有写自己熟悉其心灵的人物，写经过自己深思熟虑的思想，才能心安理得，如今他感到自己在写虚假的东西。无法解开的思想矛盾再次让他感到极度痛苦，他一次次暂时将小说搁置起来，去写别的著作，又一次次重新回到《复活》上来。

1898年，《复活》还没有完成，托尔斯泰却开始了另一部作品《谢尔盖神父》的写作。在这部篇幅不长的小说里，托尔斯泰简洁地写出另一个心灵救赎的故事。沙皇禁卫军军官斯捷潘·卡萨茨基公爵在即将结婚前发现未婚妻欺骗了自己，便遁入修道院，成为谢尔盖神父。随着时间流逝，谢尔盖神父逐渐成为远近闻名的长老，但他隐约感到隐修生活已失去了原先的意义。他最终被俗世生活诱惑，破了清规，在羞愧中出走，成为籍籍无名、四处流浪的朝圣者。这时，他反而感到先前束缚着自己的一切世俗见解都解脱了，上帝重新回到心中。

《谢尔盖神父》是对教会和修道院制度的猛烈抨击，在另一个意义上，也是托尔斯泰解决自己在《复活》中遇到的难题——“人在心灵觉醒后如何生活?”的一个尝试。《谢尔盖神父》的回答是，人必须与束缚着自己的一切私欲决裂，回到原始基督徒谦卑、贫穷的生活方式。《复活》的主人公是否也要走上这条道路?

到了 1899 年，托尔斯泰加快了创作的速度。现实的紧迫需要催促着他——在高加索地区，自 18 世纪以来一直存在着一个从俄国东正教分裂出来的小教团“反仪式派”。这一教派拒绝东正教会的教义和礼仪，也拒绝为沙皇的政府机关和军队服务，因此长年受到迫害。在19世纪90年代，“反仪式派”的一部分人接受了托尔斯泰的思想，开始尝试将其付诸实践，建立财产公有、集体劳动的社团，但遭到政府更严厉的镇压。托尔斯泰决定捐出《复活》的稿费，帮助他们移居北美。1899年12月，小说终于完成。

《复活》的故事情节依托科尼向托尔斯泰讲述的原型展开。小说第一部开篇讲的是，沦为妓女的卡秋莎·马斯洛娃正因冤屈的罪名在省城法院出庭受审，8年前抛弃卡秋莎的涅赫柳多夫公爵则恰好被委派为这起案件的陪审员。在法庭上，毫无心理准备的涅赫柳多夫突然认出卡秋莎，他惊恐万分，回忆起与卡秋莎之间的往事——二人都曾青春年少，彼此心怀纯洁无瑕的情感，而正是涅赫柳多夫自己的行为毁灭了这一切，将卡秋莎推入苦难、堕落的生活。他艰难挨到审判结束，回到家中，辗转反侧，才体会到自己当年的罪恶多么深重。涅赫柳多夫意识到，由于不愿正视自己的罪恶、不愿承认自己生活的方式是错误的，他已经败坏了自己的心灵，“完全陷在虚伪里，陷在最可怕的虚伪里，不能自拔……不管要我付出什么样的代价，我也要冲破这种束缚我的虚伪”。① 精神“复活”的种子在他心中萌发了，他决心赎回自己的罪，去监狱探望已被冤屈定罪、将要被流放到西伯利亚服苦役的卡秋莎，向她求婚。卡秋莎这才认出涅赫柳多夫，过去的屈辱苦难涌上心头，她愤恨地拒绝了涅赫柳多夫，但心灵却开始从沉沦中苏醒。

小说第 2 部写涅赫柳多夫在圣彼得堡为了卡秋莎的案子上下奔走，试图推翻不公正的判决，他对昔日自我的批判使他获得了新的眼光，体会到自己出身、成长、生活于其中的那个上层社会中人们的伪善和无情，也正是这种伪善和无情使得涅赫柳多夫此时为卡秋莎做的一切努力均化为泡影。涅赫柳多夫准备和卡秋莎一起去西伯利亚，将自己的田产分给农民——40 多年前，在《一个地主的早晨》里，青年托尔斯泰的化身，与《复活》主人公同名的那位“涅赫柳多夫公爵”曾经想象过要这么做，如今《复活》终于迈出了这彻底决裂、不可挽回的一步。小说进入第 3 部，涅赫柳多夫陪伴卡秋莎一路走向流放地，

①《复活》，《列夫·托尔斯泰文集》第 11 卷，第 123—125 页。

他在路途中逐渐认识和理解了同行的“政治犯”——反对沙皇统治的革命者。这些人与俄国的上层社会形成鲜明的对比，虽然也有种种缺点，却有统治阶级不具备的勇气和牺牲精神。路途中，涅赫柳多夫收到圣彼得堡来的公文，他为卡秋莎争取的减刑得到了批准。涅赫柳多夫将消息告知卡秋莎，想再次向她求婚，却又一次被她拒绝——虽有减刑，卡秋莎决定追随一名品格高尚的政治犯，陪伴他一起去流放。他们相互道别，明白各自的精神与人性都已复苏，但不同的生活道路却将他们引向分离。涅赫柳多夫孤身回到旅店，在房间里默默读着《圣经》，感到自己有生以来第一次真正理解了其中的含义，决心遵循新的领悟生活下去。小说至此结束。

与《伊万·伊利奇之死》等中篇小说不同，《复活》领着读者穿过生活的众多场景，从而展现精神“复活”的艰难过程——不是发生于某个瞬间的大彻大悟，而是在整个生活的方方面面挣脱束缚，舍弃昔日的一切，只有这样，新的自我才会真正诞生。然而，《复活》虽然令人信服地写出了涅赫柳多夫一步步与昔日生活决裂的过程，最终还是没有写出他的新生活。再一次，托尔斯泰忠实于自己的艺术原则，没有去虚构自己缺乏把握的形象；再一次，他在完成一部作品时留下了未完成的问题——“一件事刚做完，另一件事就又开始了。”①

①《复活》,《列夫·托尔斯泰文集》第 11 卷，第 555 页。

第八章

决裂（1900—1910）

“新生活”应该是怎样的？托尔斯泰在《复活》中没有给出明确的回答。小说虽已写完发表，托尔斯泰的思索却在继续。1900 年夏天，他在日记里记下俄罗斯的大自然——“草场，森林，庄稼，耕地”……所有这一切仍像童年时代那样令托尔斯泰深深感动。他清醒地感到人生余下的夏天大概已经不多，可是创作、表达的渴望却依然十分强烈。他反复考虑《复活》的续编，想回答未解决的问题，写出“涅赫柳多夫的农民生活”。[①] 然而，难以克服的困难始终存在。

早在许多年前，青年时代的托尔斯泰便曾经

①1900 年 6 月 23 日的日记，《列夫·托尔斯泰文集》第 17 卷，第 231 页。

想过丢开自己的贵族地主身份，与他感觉不合理的、束缚着自己的一切决裂，去过“人民的生活”。他一次又一次地掂量着这个想法，在理论著作中检验和发展它，在文学作品中表现它。这些年来，托尔斯泰放弃经营自己的财产，一步步抛弃贵族的生活方式，像俄罗斯的普通农民和手工匠人一样穿衣、饮食、起居，在周围的人看来，他早已十分“平民化”，然而他却始终清楚地知道，自己并未跨过鸿沟，迈出走向人民的那关键一步。他亲自耕地、播种、盖屋，做木工活，甚至亲手制作自己穿的靴子，但他在本质上仍然是从事精神创造活动的贵族，是文学家，而不是他渴望而又无法全然融入的“人民”。

在思想上提出了主张，在生活中却不能完全遵循自己的准则，令托尔斯泰十分痛苦。他想起自1880年代以来聚集在自己身边的那些青年，看起来，他们仿佛比托尔斯泰本人更忠实于自己的信念，在将其付诸实行时也更坚决。这些人里有年轻的德米特里·亚历山大罗维奇·希尔科夫公爵，出身于古老的贵族世家，原本曾是俄国最年轻的上校，自从读了托尔斯泰的著作后就毅然抛弃自己在军队中的前程，退伍回乡，将财产分给农民，也拒绝参加教会的仪式，而是向身边的人们宣传托尔斯泰的主张，他因此被流放，遭到无休止的迫害，却并未动摇自己的信念。在《复活》中，托尔斯泰将这位公爵身上对道德原则的纯洁信仰赋予了精神觉醒后的涅赫柳多夫。[①] 还有托尔斯泰最亲近信任的年轻朋友弗拉基米尔·格利高里耶维奇·切尔特科夫，同样出身于显赫的贵族家庭，曾是亚历山大二世极为宠爱的年轻军官，却追随着自己的信仰，成了托尔斯泰晚年忠诚得力的助手。切尔特科夫很早便坚信，一个人只有献身于超越自己的崇高事业，生命才有价值，而在“托尔斯泰主义”中，他找到了这种事业。这个有宗教情怀的年轻人，真诚，执着，不畏牺牲，富于理想主义精神，也很有工作能力，是托尔斯泰著作热诚而可靠的编辑者和出版者，但也正是他将托尔斯泰的思想推到极致，变成一整套严峻、冰冷，除了他本人以外很少有人能够忍受的道德教条。如今，切尔特科夫正因迫害不得不流亡英国。想起他，托尔斯泰不禁因自己没

---

①达维多夫:《往事》,《同时代人回忆托尔斯泰》下册，第311页。

有同样承受苦难而感到愧疚。然而，在托尔斯泰和他的“弟子”之间，始终有着重要的区别。他从未像切尔特科夫那样自认掌握了终极的真理，也从未真正相信生活能够被简化为几条刻板的信条，他清楚，自己始终是在探寻真理的道路上艰难跋涉——“艺术家要影响别人，就得不断地探索，让他的作品成为一种探索。如果他全找到了，什么都知道了，一味教训人……就不能影响人了。只要他在探索，观众、听众、读者就会在探索中和他息息相通。”①

在整个19世纪，俄国文学都体现着民族的良知，是对真理和正义的呼唤，也是对黑暗和不义的控诉。对于同时代的俄国人而言，雅斯纳亚·波良纳的这位老人仿佛是这个伟大世纪的化身，他在耄耋之年依然充满反抗的激情，正是这种反抗精神使他能与俄国人民站在一起，也正是这种反抗精神驱使他继续写出一篇篇犀利的文字，谴责现存的社会秩序。15年前，托尔斯泰曾在《那么我们应该怎么办》一文中揭露过现代文明对底

---

①1900年12月19日的日记，《列夫·托尔斯泰文集》第17卷，第236页。

层人民的压迫，如今他环顾四周，无论是在莫斯科、喀山还是图拉，在工厂里、高炉边、铁路上，数百万俄国劳工依然挣扎在苦难之中。这是新的奴役制，比昔日的农奴制更残忍、更可耻的奴役。1900 年 8 月，托尔斯泰写成《当代的奴隶制度》，在这篇论文里，他强烈的义愤凝聚为清晰明确的判断——必须废除剥削制度，废除维护这一制度的法律和国家政权。对于高踞在这一制度顶点的最高统治者，他也不再掩饰自己的憎恶。在因意大利国王翁贝托一世遇刺写成的评论《不可杀人》中，托尔斯泰明确地说，举凡亚历山大二世、翁贝托一世这样的帝王，每一位都是曾杀死千千万万人的凶手——

> 真的，各国帝王对亚历山大二世和翁贝托这种人被杀，不仅不应当感到恼怒，而且应当感到惊讶：为什么在帝王们发动经常性的全民规模的大屠杀后，杀死帝王的事件竟然还这么少！[①]

当今世界的这些统治者们，“国王、皇帝和

①《不可杀人》,《列夫·托尔斯泰文集》第 15 卷，第 421 页。

总统”们，都不过是那个庞大的杀人制度的化身，消灭他们个人是没有什么用处的——“就跟神话里讲的斩妖一样白费力气，剁掉妖魔的脑袋之后，它脖子上立即又会长出一个新的脑袋”，要做的是消灭这个制度。托尔斯泰的信念将他领到了革命的门槛上，决裂的时刻终于到来。1901年2月25日，在都主教安东尼的指挥下，俄国东正教主教公会发布文告，宣布托尔斯泰因为“傲慢地反对上帝和他的基督，反对他的神圣传统，在众目睽睽之下……把他的文学活动和上帝赋予他的才能，用于在人民中散布与基督和教会不一致的学说，破坏人们心目中的天然正教信仰”而革除他的教籍。① 这一天，托尔斯泰正在莫斯科，经过卢比扬卡广场时，人们认出了他——

“瞧啊，那是托尔斯泰，教会说的化为人形的恶魔！”

激动的人群向托尔斯泰涌来，猛然爆发出响亮的欢呼声：“万岁！伟大的人！列夫·尼古拉耶维奇万岁！”莫斯科的大学生和工人们护送托尔斯泰回到家里。从俄国各地来了数不清的电报

---

①[英]艾尔默·莫德:《托尔斯泰传》第2卷，第887页。

和信件，向托尔斯泰表示敬意，向政府提出抗议，沙皇和教会的权威如同夏日水面的浮沫一般破灭了。托尔斯泰早已与虚伪的官方信仰决裂，革除教籍只不过确认了这一众所周知的事实，这非但没有像当局所计划的那样让托尔斯泰“身败名裂”，反而令所有人明白，托尔斯泰已成为反抗的象征。

托尔斯泰冷静地写完自己对革除教籍的答复，送给主教公会，他在莫斯科等待着进一步的迫害，被人民吓倒了的当局却不敢再收紧罗网。1901 年初夏，托尔斯泰安然回到雅斯纳亚·波良纳，他的健康却突然恶化，先是疟疾，随后是严重的心脏衰竭。他在生死线上搏斗了好些天之后，身体才略有好转。这时已是 8 月底，天气即将转凉，在亲友的劝说下，托尔斯泰终于决定离开家，到南方去过冬。9 月初，托尔斯泰来到了阔别 46 年的塞瓦斯托波尔，从那里去克里米亚半岛南端的雅尔塔，那里是俄国著名的疗养地。

在雅尔塔，年轻的作家们纷纷来拜望托尔斯泰。契诃夫正因肺病住在克里米亚，他给托尔斯泰带来自己的近作。前一年，刚开始蜚声文坛的马克西姆·高尔基结识了托尔斯泰，秋天访问雅斯纳亚·波良纳的庄园时，高尔基很不习惯围绕着托尔斯泰的“朝圣”气氛，感到格格不入，他向托尔斯泰直言自己无法接受《复活》的结论，只是赞同小说对现存秩序的猛烈批判。托尔斯泰却因此很喜欢这位坦率、诚实、有才华的年轻作家——俄罗斯文学新一代的探索者。[1] 如今在雅尔塔，高尔基住得离托尔斯泰不远，也常来看望他。在黑海岸边，气候温暖而晴朗，托尔斯泰的身体恢复了一些。到了 1902 年 1 月，他的病势再度加重，从莫斯科请来的医生断定是严重的肺炎，一时间，作家将要不久人世的消息不胫而走。东正教会秘密指示当地的神父，一旦托尔斯泰去世，立刻抢先宣布他临终时经过忏悔，“回到了教会的怀抱”。警察部门也秘密拟定了应对作家逝世后全国抗议风潮的紧急计划。幸而到了 2 月，疾病最危险的阶段总算过去了，托尔斯泰在雅尔塔又住了几个月，1902 年 6 月回到雅斯纳亚·波良纳，直到年底，他的身体才慢慢转好。

大病初愈，对生命的热爱，带着全部新鲜的

---

①波谢:《托尔斯泰》,《同时代人回忆托尔斯泰》下册，第 387 页。

力量，重又涌回托尔斯泰心中，他想起搁置许久的小说《哈吉穆拉特》，这部小说最初的构思还是在6年以前，在写作《复活》的间隙，一个夏日里，托尔斯泰走在皮罗戈沃的田野上，在尘土飞扬的大路边，他看见一株牛蒡，这是一种特别坚韧的菊科植物。路边的这一株，几根嫩枝都折断了，沾满了泥土，只有唯一的一根嫩枝还不屈不挠地泛着生命的红色。举目望去，土地刚刚耕过，翻起了大块的、肥沃的黑土，没有一根绿草，在这沉寂的大地上，只剩这株活着的植物——“不管怎样，它总算捍卫住了生命！”[①] 托尔斯泰喃喃自语。他回忆起多年前在高加索时听说的山民首领哈吉穆拉特的故事。在1850年代高加索地区反抗俄国统治的沙米尔手下，哈吉穆拉特是最得力的将领，由于对沙米尔的统治不满，他在1851年底投奔俄国阵营，后来又因为试图逃回山中而被俄国的追兵杀害。在以俄国最终征服高加索为结局的历史长河中，这原本仿佛只是一段无足轻重的插曲，而如今托尔斯泰却感到自己从中

①1896年7月19日的日记，《列夫·托尔斯泰文集》第17卷，第194页。

看到了全新的内涵，写一部历史小说的念头闪现在他心中。6 年来，他断断续续写了一些片段，如今重新回到这个题目上，开始着手工作。从 1902 年深冬到第二年初春，他一面查阅资料，核对史实，一面飞快地写下去。入夏时分，他已写完初稿，开始反复修改。不知由于什么原因，托尔斯泰从未将这部作品最终完成，小说直到他去世后才作为遗作发表。

虽然未经定稿，《哈吉穆拉特》却被公认为托尔斯泰艺术天分的完美展现，他将一部长篇小说的内容凝聚于精心撰构的中篇，结果是惊人的精湛与和谐。小说开篇处，托尔斯泰追述了在仲夏时节自己看见的那株顽强的牛蒡花——“人战胜了一切，毁灭了成百万的草芥，而这一棵却依然不屈服。”故事随即转入 1851 年 11 月，在一个寒冷的夜晚，阿瓦里亚族的豪杰哈吉穆拉特从沙米尔的统治区逃出，准备前往俄军驻地。在那里，普通士兵们正站着夜岗，思念着仿佛再也回不去的家乡。要塞的官邸里，驻军团长沃龙佐夫公爵正与宾客们无聊地打发着夜晚的时光，他接到哈吉穆拉特的口信，在第二天部队出击时接纳了他的投诚。跟随着哈吉穆拉特，读者来到俄国高加索辖区的首府第比利斯，哈吉穆拉特在这里会见了俄军总司令老沃龙佐夫，向他讲述了自己的生平——他为何揭竿而起反抗俄国，又为何无法忍受沙米尔的迫害，前来请求俄国人的援助。小说随即将读者领到圣彼得堡尼古拉一世的御前——这位早衰的沙皇，昏庸而残暴，为高加索的成功而自鸣得意。与这位"西方式"的专制统治者相对应，托尔斯泰接着写了"东方式"的君主沙米尔，他并不比尼古拉一世高明多少，同样满心充满卑琐的统治欲望，他威胁哈吉穆拉特回归自己阵营，否则就要处死哈吉穆拉特的儿子。小说的最后几章充满越来越浓烈的悲剧色彩。1852 年初，哈吉穆拉特决心逃回山里救出自己的家人。在逃亡的路上，他陷入俄军的重重追击，无法脱身，终于中弹受伤。在重伤的幻觉中，一生中各种场景和形象在哈吉穆拉特面前闪过。他用最后的力气立起身来——

> 最后他抓住一棵树，整个人都站了起来。他是那么可怕，向前跑来的人都停住了脚。但他忽然战栗一下，一踉跄离开了那棵树，整个身子像一棵被砍倒的牛蒡花，脸冲

地倒了下去，不再动了。……[①]

小说中出现的形形色色的统治阶级成员，无论是俄国的沙皇尼古拉一世和沃龙佐夫父子，还是山民头目沙米尔，均是自由的敌人；而哈吉穆拉特，托尔斯泰笔下最感人的形象，则充满生命力，是自由的化身，仿佛卢梭所说的"高贵的野蛮人"——"从我15岁开始卢梭就是我的导师。"[②]曾经在托尔斯泰创作中占据突出地位的自我怀疑、自我审视的心灵探索主题，在《哈吉穆拉特》中几近消失，同样被缩减到最低限度的还有他昔日特别擅长的心理描写和精到的哲理议论。托尔斯泰将自己的文学语言回归到他在创作初期曾努力超越的、普希金式的朴素风格上，几乎只是通过不动声色的场景描写和情节叙述，就完美地表现出小说的主题——自由即生命，戕害这生命的，即是罪恶。

在写作《哈吉穆拉特》时，托尔斯泰查阅尼

---

①[俄]列夫·托尔斯泰，刘辽逸译:《哈吉穆拉特》,《列夫·托尔斯泰文集》第4卷,第485页。

②1905年3月7日的信,《列夫·托尔斯泰文集》第16卷,第306页。在这封信里托尔斯泰同意加入在日内瓦成立的卢梭学会。

古拉一世时期的大量历史文献，在日记里，他温和地嘲讽自己对创作的热情："已经是快死的人了，而我还计划写作。"[①] 同一天，他匆匆记下几篇新作的构思。又过了几天，一篇新的短篇小说的基本情节在他心中已经成型——"会非常好!"[②] 托尔斯泰确信。8 月 20 日，他完成了这篇关于"舞会与夹鞭刑"的杰作《舞会之后》。

《舞会之后》是小说主人公——"人人敬重的伊万·瓦西里耶维奇"讲的一段"生活插曲"。托尔斯泰将故事放回自己的青年时代——1840 年代尼古拉一世治下的外省城市，在那里，年轻的伊万·瓦西里耶维奇爱上了当地的贵族小姐瓦莲卡。他们的爱情在一次上流社会的舞会上得到升华——"我不但愉快和满意，甚至感到幸福、陶然，我善良，我不是原来的我，而是一个不知有恶、只能行善的超凡脱俗的人了。"[③]

---

①1903 年 6 月 9 日,《列夫·托尔斯泰文集》第 17 卷,第 248 页。

②1903 年 6 月 18 日,引自《列夫·托尔斯泰文集》第 17 卷,第 249 页。

③[俄]列夫·托尔斯泰,蒋路译:《舞会之后》,《列夫·托尔斯泰文集》第 4 卷,第 351 页。

青年时代热烈的爱情，让伊万·瓦西里耶维奇感到自己被这种纯洁的力量涤荡了。“瓶子里的水只要倒出一滴，其余的便常常会大股大股地跟着向外倾泻，同样，我心中对瓦莲卡的爱，也把蕴藏在我内心的全部爱的力量释放出来了。”与皮埃尔和列文一样，在全副身心洋溢着的幸福感中，伊万·瓦西里耶维奇“用我的爱拥抱了全世界”，他难以入眠，一大早便走到外面，信步来到瓦莲卡家附近。舞会上的乐曲声仿佛还萦绕在他耳边，清冷的空气中却传来另一种“生硬难听的音乐”，是笛声和鼓声。循着乐声走去，他看见，在一片空地上，士兵们面对面成两行排列，立定不动，他刚刚听见的是行刑的军乐。驻军正准备对一个逃兵用夹鞭刑——

> 受刑人浑身痉挛着，两只脚扑擦扑擦地踩着融化中的积雪，向我走来，棍子从两边往他身上纷纷打下……受刑人每挨一棍子，就好像吃了惊似的，把他的痛苦得皱了起来的脸转向棍子落下的一边，露出一口雪白的牙齿，重复着两句同样的话。直到他离我很近的时候，我才听清这两句话。他不是说话，而是

鸣咽道："弟兄们，发发慈悲吧。弟兄们，发发慈悲吧。"但是弟兄们不发慈悲……

伊万·瓦西里耶维奇猛然发现，在鞭刑的行列走着，吼叫着监督行刑的那个眼熟的身影，正是瓦莲卡的父亲，本省驻军的上校。他不再是舞会上那个仪表堂堂、亲切快乐的老人，而是粗鲁、暴躁、残忍的军官。伊万·瓦西里耶维奇感到极为羞耻，"仿佛我有一桩最可耻的行径被人揭发了似的"，他飞奔回家，舞会和爱情带来的一切幸福感都消失了，只有行刑的场景还追着他，令他"感到一种近似恶心的、几乎是生理上的痛苦"——

"他显然知道一件我所不知道的事情。"我想起上校，"如果我知道他所知道的那件事，我也就会了解我看到的一切，不致苦恼了。"可是无论我怎样反复思索，还是无法了解上校所知道的那件事……①

伊万·瓦西里耶维奇感觉到却无法理解的

①[俄]列夫·托尔斯泰，蒋路译：《舞会之后》，《列夫·托尔斯泰文集》第4卷，第355—356页。

事，正是托尔斯泰要告诉读者的——统治阶级的全部生活，不论好坏，全都建立在残忍的暴力基础上，在这个意义上，身为统治阶级一员的伊万·瓦西里耶维奇，同样参与了鞭刑，分担着统治的罪恶，是可耻的压迫者。在这一决定性的瞬间，伊万·瓦西里耶维奇的生活自此改变。他再也无法像之前那样天真地想象自己主动投身于统治秩序，而是苦苦思索那“我所不知道的事情”，最终得出了和托尔斯泰一样的结论，走上了另一条道路。这篇小说同样体现出托尔斯泰晚年创作中越来越突出的“纯净”和朴素的特点，叙述的语言从容而又简净，却强有力地勾勒出两个极端对立的场景——在幸福的舞会场景之后，紧接着便是残忍的鞭刑，使得读者感受到强烈的情感冲击。托尔斯泰对短篇小说这一文体的把握，至此已臻化境。

在《舞会之后》中，托尔斯泰将批判的锋芒对准俄国专制统治的暴力支柱——军队，正是这一庞大、盲目的力量即将把俄国带进深渊。1904年1月，在中国东北的土地上，日俄战争爆发。尼古拉二世和他的将领们本以为会轻易取胜，结里。正像50年前的克里米亚冒险那样，战争暴露出专制统治的无能与软弱，俄国国内的革命运动高涨起来。1904 年 7 月，内政大臣普列韦被社会革命党人暗杀，这是 3 年内遇刺的第二任内政大臣。第二年初，莫斯科总督，现任沙皇的叔叔谢尔盖·亚历山大罗维奇大公也被刺死。1905 年 1 月 9 日，在冬宫外面的街道上，军队向前来请愿的人群开枪，“血腥星期天”揭开了 1905 年革命的序幕。俄国人民起来反抗了，200 万工人的罢工令城市陷于瘫痪，在乡间，农民也起来夺回自己的土地。直到 1907 年，在政府的残酷镇压下，革命才转入低潮。根据新任首相彼得·阿尔卡季耶维奇·斯托雷平的命令设立的特别法庭，违背一切司法正义，在 8 个月内匆忙杀害了 1700 人——从此在俄国，绞索便被称为“斯托雷平的领带”。

1906 年深秋，托尔斯泰在雅斯纳亚·波良纳接待了自己多年的好友，英国人艾尔默·莫德，午后他们谈起俄国的政治现实。托尔斯泰回忆起自己当年在克里米亚与老阿尔卡季·斯托雷平之间的友谊，这位朋友曾经试着写自己的战争回忆，却越写越体会到战争是可怕的罪恶，遂将手稿付之一炬，如今是这位老友的儿子正将俄国淹没在血泊之中，父与子之间存在着多么深的鸿沟！一如既往，托尔斯泰认为，这不是个人而是整个制度犯下的罪恶。在这个秋天，他写下《论俄国革命的意义》和《到底怎么办?》，预言“现在熊熊燃烧起来的火焰已势不可挡……”文章写完，他大病一场，很久之后才逐渐康复。对创作的渴望依然强烈，他在日记中随处记下作品的构思，又沉思着添上一笔：“不一定来得及了。”[①]

托尔斯泰明白，自己正在走向生命的终点，他生病的次数越来越多，常常感到眩晕，没有气力。他想起《福音书》里一个很少人注意的小故事——园丁向主人禀报说，果园中有一株苹果树不结果实，应该砍倒当柴烧。主人回答说：“再等几年吧，如果再不结果，就砍掉它。”人生仿佛也像是这株苹果树，有一个不可逃避的期限，因此应当赶快结出果实……[②]到1908年8月，托尔斯泰就要满80岁了。这一年初，人们在圣彼得堡和莫斯科聚集起来，准备为他庆祝寿诞。托尔斯泰回想起，在将近30年前，刚和自己恢复来往

---

①1907年4月5日的日记,《列夫·托尔斯泰文集》第17卷,第290页。

②纳日文:《忆列夫·尼古拉耶维奇》,《同时代人回忆托尔斯泰》下册,第582页。

的屠格涅夫曾邀请自己一同去参加纪念普希金诞辰的典礼。屠格涅夫，这位早已去世的朋友，是多么文雅可爱啊！当托尔斯泰出乎意料地拒绝参加典礼的时候，他又是多么惊讶！当时，托尔斯泰拒绝的理由，是他一向认为对一个人的赞同和热爱只应该通过将自己和这个人的事业紧密地联结在一起，而不应该通过诸如典礼仪式之类的表面文章来表现。所以，不管屠格涅夫多么失望，他还是没有出席——后来是陀思妥耶夫斯基在纪念仪式上发表了演说，那篇演说词写得很好。如今，人们要来为他庆祝生辰了。当时看来是不自然、不真诚的东西，如今也并未改变。他思考许久，写信给朋友们，劝他们取消庆祝："在我这样的年纪，一只脚已经入土，唯一的希望是尽可能和人们友爱相处，并以这种感情同他们永别……"①

这当然并不意味着托尔斯泰减少了对现实的关注，当正义驱使他发言的时候，从他笔端流出的文字依然猛烈如火。1908 年 5 月 10 日，托尔斯泰在报纸上读到各地杀害起义农民的报道，愤

①1908 年 3 月 25 日的信，《列夫·托尔斯泰文集》第 16 卷，第 320 页。

怒不已。托尔斯泰回想起，20多年前，索洛维约夫，那位呼吁赦免民意党人的哲学家，曾经非常高兴地告诉他："列夫·尼古拉耶维奇，您知道吗？在俄罗斯统共只有一名执行死刑的刽子手。"是啊，就是在亚历山大三世统治下的黑暗年代，也没有如今这么多的暴行！——"而你们大家，从法庭书记到首席大臣甚至到沙皇，每天发生的暴行的间接参加者，你们仿佛不感到自己有罪，也不觉得可耻，而参与制造恐怖应当使你们感到可耻。"[①] 生着重病的托尔斯泰挣扎着写下自己的抗辩，直斥尼古拉二世和斯托雷平本人为凶手。这篇题为《我不能沉默》的文章秘密传遍俄国各地，在80寿辰的前夕，托尔斯泰做好了被捕、受审、坐牢，甚至上绞刑架的准备。政府依然不敢直接加害托尔斯泰，却加紧了对他身边人的迫害。刚结束流亡回来的切尔特科夫被禁止留在图拉省，只得远远地住在莫斯科附近；托尔斯泰年轻能干的秘书，后来毕生以研究托尔斯泰著作为事业的古谢夫也被逮捕，并被流放到遥远的乌

①《我不能沉默》，《列夫·托尔斯泰文集》第15卷，第551页。

拉尔。

俄国政治中的黑暗似乎越来越浓重，新的时代怎样才能来临？

1909 年初，图拉的主教帕尔费尼奉主教公会的密托，来到雅斯纳亚·波良纳，他想安排托尔斯泰与官方教会和解。绝无可能！托尔斯泰声明自己在任何情况下，即使是临终时，也决不返回教会。40 年前，人终有一死的事实曾令托尔斯泰痛苦万分，而如今他已经能够平静地面对死亡，既无忧伤，也无恐惧。唯一令他不安的是生活，而不再是死亡。这么多年来，未曾实践自己的信仰，真正像一无所有的平民那样自食其力，始终令托尔斯泰不安。他希望在自己去世后将土地分给农民，同时也放弃所有作品的版权，将它们无偿交给公众。[1] 这将他引入晚年最后的、也是最激烈的冲突——与自己家庭的冲突之中。

自从索菲娅嫁给托尔斯泰，成为“索菲娅·托尔斯泰娅”以来，47 年的时光过去了，两人在性情和气质上有许多共同之处，这种相似是他们

[1] 1909 年 2 月 4 日的日记，《列夫·托尔斯泰文集》第 17 卷，第 311 页。

结合的基础，却也给他们婚后的日子带来不少苦恼。夫妻俩都有写日记的习惯，在他们年轻时记下的文字里，处处是情感波动的记录。索菲娅清楚地意识到，自己对“廖瓦契卡”① 的激情之爱是痛苦的根源——“我要他的生活、思想、爱情全都是为了我”②，而这事实上是不可能的。托尔斯泰则忧虑妻子到底还是无法理解和接受自己全部的内心世界，并且“为了我反倒把她自己内心的许多东西扼杀了，然后本能地把所有这些牺牲都记在我的账上。……”③ 无论在热烈的爱情中，二人的心灵曾多么接近，毕竟依然是有着不同思想和追求的两个人，随着时间流逝，他们慢慢接受了这一事实。也正是在由此而来的平静岁月中，托尔斯泰写出了《战争与和平》和《安娜·卡列宁娜》中那些最优美的篇章。

自《忏悔录》以来，托尔斯泰的思想激变终于改变了一切。自1880年代以来，夫妻间越来越

①“廖瓦契卡”是列夫的小名。

②1863年1月17日的日记，[俄]托尔斯泰娅，张会森、晨曦译，《托尔斯泰夫人日记》上册，北京：中国社会科学出版社，1983年版，第16页。

③1863年1月23日的日记，《列夫·托尔斯泰文集》第17卷，第102页。

深刻的分歧引起许多冲突，两人都为此痛苦不堪。索菲娅感到自己无法理解托尔斯泰新的信仰，听到他一次次谈起要放弃私有财产，甚至与教会决裂，也感到茫然无措——“这种异常困难的不明确的要求，我实行不了……而且，不只我实行不了，甚至成千上万笃信这种信念的人，也都不能实行。”① 婚后 20 多年来，索菲娅一直在小心翼翼照管着家庭，她坚决反对把土地分给农民的计划，也反对放弃托尔斯泰 1881 年前创作的作品的版权（在这一年之后写的著作，在托尔斯泰看来是从一开始就是属于人民的）。索菲娅逐渐明白，正是自己的这一决定令托尔斯泰极为痛苦，因为这让他越来越觉得自己的生活与信念是背离的——主张走向人民，却仍过着地主的生活；但她觉得，自己无法不这样办，也无法想象按照托尔斯泰为自己确立的那些原则该如何生活下去。1892 年夏天，托尔斯泰在日记中记下：“我可以，几乎是应该出走……”②

---

①1886 年 10 月 25 日的日记，《托尔斯泰夫人日记》上册，第 91 页。

②1892 年 8 月 21 日的日记，《列夫·托尔斯泰文集》第 17 卷，第 164 页。

"提出了最高的道德要求，为了它而否定了一切低于它的东西，但是并没有按最高要求行事。"① 托尔斯泰无法逃避内心的自我谴责。他感到，自己的语言说服了千千万万人，将自己体会到的真理灌注到他们的心里，却无法让最亲近的家人分享自己的信念。这是为什么？或许，生活正如迷宫，他告诉自己——

> 有时你生人们的气，怪他们不理解你，不跟你走，不同你一道走，其实你紧挨着他们站着……隔一道墙紧挨着你站着的那个人跟你朝一个方向走去，他要走整整一俄里才能同你相遇，而暂时他不仅要与你朝同一方向走，而且还要朝相反的方向走，才能与你相遇……②

1905年革命期间，十分害怕"造反"农民的索菲娅向官府请求保护，当局派人来从雅斯纳亚·波良纳的村子里捕去4个农民，这令托尔斯

---

①1896年5月5日的日记，《列夫·托尔斯泰文集》第17卷，第190页。

②1900年5月2日的日记，《列夫·托尔斯泰文集》第17卷，第230页。

泰十分难过，他与索菲娅的思想分歧如今已成鸿沟，再也无法一致了。最后几年里，两人之间的冲突越来越频繁，也越来越激烈。1910 年 7 月 22 日，在切尔特科夫的建议下，托尔斯泰骑马来到离家不远的一片树林里，坐在一个树墩上，写下自己的遗嘱。他将自己全部作品的版权留给小女儿亚历山德拉，条件是这些作品无偿给全体人民使用。10 月 28 日清晨 5 点，最后的时刻终于到来。托尔斯泰留下一封道别的信，走进依然深沉的夜色里。借着手电的一点微光，他在果园的树丛间踉跄走着，终于来到马车边。马车碾过被夜雾弄得潮湿、泥泞的大地，总算转上大路，向附近的火车站疾驰而去。托尔斯泰离开了雅斯纳亚·波良纳——

> 我并不怀疑我做了应当做的事。也许我为自己辩解是错误的，但是我觉得挽救了自己，不是挽救列夫·尼古拉耶维奇，而是挽救虽然很少，有时毕竟在我身上存在的东西……①

①1910 年 10 月 28 日的日记，《列夫·托尔斯泰文集》第 17 卷，第 346 页。

黄昏时分，托尔斯泰抵达奥普京修道院，他在修道院的旅馆里住了一晚。第二天到附近的沙莫尔金诺村，这里有一座女修道院，玛丽亚妹妹自1889年起就在这里隐居。托尔斯泰原本想在奥普京修道院附近或沙莫尔金诺村找一座村舍住下，但他改变了主意，准备去顿河流域的诺沃切尔卡斯克，从那里准备出国。10月31日，他在小女儿亚历山德拉的陪伴下，乘上去南方的火车。旅途的劳累击倒了82岁的老人，他在车上发起高烧，不得不在一个荒僻的小站——梁赞省的阿斯塔波沃下车。

索菲娅读了托尔斯泰留下的诀别信，试图投湖自杀，幸而被拦下。留在雅斯纳亚·波良纳的人们焦急地猜测着托尔斯泰的去向。11月2日，家里终于得知托尔斯泰在阿斯塔波沃病倒的消息，那里距离雅斯纳亚·波良纳其实只有几十公里。索菲娅立即乘火车向那里赶去，坏消息在等着她——托尔斯泰得的是肺炎。

在阿斯塔波沃车站的一间小小的病房里，托尔斯泰与疾病搏斗了一个星期。最初几天情形尚好，他还能记日记，与身边的人谈话。11月3日，托尔斯泰写下最后的日记——“Fais ce que doit, adv…"[1] 他渐渐陷入昏迷，但仍在与死神搏斗。11 月 6 日中午，他艰难地嗫嚅着："真理……我爱……"[2] 接着又沉睡过去。半夜两点，人们领着索菲娅走进病房。这是最后的道别，索菲娅远远地站着，望着临终的托尔斯泰，慢慢走近，吻着他的前额——"原谅我！"托尔斯泰安静地睡着，脉搏一点一点弱了，呼吸的声音也几乎无法听见了。11 月 7 日清晨五点三刻，最后的气息消散了，列夫·托尔斯泰永远离开了人世。

今天，来到雅斯纳亚·波良纳的人们，会在一片林间草地上，看见一座小小的、除了茂盛的青草和丛生的野花之外毫无装饰的陵墓。这便是列夫·尼古拉耶维奇·托尔斯泰的墓。童年时代，托尔斯泰家的兄弟们曾在这里玩耍。尼古拉哥哥说的那根有魔力的、能够消除世间一切不幸的绿树枝，据说也埋在了这里。如今，托尔斯泰在这里静静长眠。他是否已经找到了这根绿枝，发现了那神奇的秘密？

---

①法语。完整的句子应为"Fais ce que doit, advienne que pourra"，意为"不管发生什么，做应当做的事"。

②[俄]谢尔盖·列沃维奇·托尔斯泰：《在阿斯塔波沃车站》，《同时代人回忆托尔斯泰》下册，第 665 页。谢尔盖是托尔斯泰的长子。

也许他会回答说：读一读我为你们写下的那些书，我所找到的答案便写在其中——

> 如果他理解自己的生命……那么他的生命就不可能是别的，而只可能是他的追求，即任何什么也破坏不了的幸福。①

---

①[俄]列夫·托尔斯泰，丁吉平译：《生活的道路》，《列夫·托尔斯泰文集》第15卷，第558页。《生活的道路》是托尔斯泰在生命最后一年里编纂的文集。